Jorge Octavio Guzmán Sánchez

Desenvolvimento Web Avançado Melhorado

Jorge Octavio Guzmán Sánchez

Desenvolvimento Web Avançado Melhorado

Continuamos a acrescentar

ScienciaScripts

Cover image: www.ingimage.com

This book is a translation from the original published under ISBN 978-620-2-12507-9.

Publisher:
Sciencia Scripts
is a trademark of
Dodo Books Indian Ocean Ltd. and OmniScriptum S.R.L publishing group

120 High Road, East Finchley, London, N2 9ED, United Kingdom
Str. Armeneasca 28/1, office 1, Chisinau MD-2012, Republic of Moldova, Europe
Managing Directors: Ieva Konstantinova, Victoria Ursu
info@omniscriptum.com

Printed at: see last page
ISBN: 978-620-8-38685-6

Créditos

Jorge Octavio Guzmán Sánchez é professor no departamento de Engenharia de Sistemas Informáticos do Tecnológico Nacional de México / IT de Tuxtla Gutiérrez, onde leccionou a disciplina de "Desenvolvimento Web Avançado", e foi graças a isso que durante vários anos conseguiu reunir este conhecimento que procura estar num texto que possa servir de material didático para os alunos que frequentam a referida disciplina.

Índice

1.- Introdução

Como já referi, este não é um livro de programação, pelo que não veremos conceitos como tipos de dados, variáveis, constantes, estruturas de controlo, apesar de este texto falar de algumas linguagens como o PHP, razão pela qual não é um livro de programação orientada a objectos, mas discutiremos os conceitos básicos deste paradigma, bem como faremos referência a vários desses conceitos.

Desde há vários anos que verifico que não existe um texto propriamente dito que contenha todos (ou a maioria) dos tópicos desta disciplina (bem como de outras) e que os alunos recorrem à Internet, mas encontram muitas opiniões (neste caso também versões) sem o aconselhamento que integre todos os conceitos, tendo surgido a ideia deste escrito para demonstrar a aplicação dos tópicos no LARAVEL.

Por exemplo, eles procuram como implementar a autenticação no LARAVEL e são informados de que é muito simples, tão simples quanto executar o comando php artisan make:auth, mas não são informados de que isso funcionou nas versões 5.x e foi removido na versão 6, em outras fontes de informação, eles descobrirão que devem adicionar um pacote chamado ui, mas isso funcionou nas versões 6.x e inferiores a 8, e noutras recomendam a utilização do pacote jetstream mas dificilmente explicam os passos para o fazer funcionar e as bases que este tem, por esta razão decidi fazer estas notas nas quais explico passo a passo como efetuar as operações.

Programação orientada para os objectos

Para a Real Academia da Língua Espanhola, um paradigma é uma teoria ou um conjunto de teorias cujo núcleo central é aceite sem questionamento e que fornece a base e o modelo para a resolução de problemas e para o avanço do conhecimento (entre outros significados), mas vamos resumi-lo como "A FORMA DE PENSAR", e um paradigma de programação é a forma como pensamos na solução de um problema que depois vamos codificar.

Em OOP o que nos interessa são os objectos envolvidos no processo a automatizar e é por isso que o primeiro dos pilares (a primeira caraterística que veremos) é a **abstração**: que é um processo mental através do qual apenas tomamos os aspectos que na nossa opinião são relevantes para o problema em que estamos a trabalhar e com estes declaramos as classes na linguagem de programação utilizada.

O próximo pilar da POO é o **encapsulamento**, que é uma estratégia através da qual podemos definir como as caraterísticas que abstraímos anteriormente podem ser acedidas e determinar como são utilizadas por outros objectos. Em primeiro lugar, vamos identificar a diferença entre classe e objeto. A primeira é a declaração: tome-se como exemplo a planta de uma casa. O objeto, por outro lado, é a instância de uma classe; considere que cada vez que uma casa é construída num loteamento, todas elas são baseadas nas mesmas plantas.
Existem três níveis de encapsulamento. Os dois extremos são fáceis de assimilar: **público** e **privado**. Numa classe, os atributos podem ser públicos ou privados para definir o acesso que um objeto pode ter a eles. Por exemplo, se definirmos a classe "trabalhador" e estabelecermos que uma caraterística desta é o "salário", podemos também estabelecer que é privada, ou seja, que qualquer outro objeto não pode ter acesso direto a esta propriedade, uma vez que só pertence à própria instância, não podendo ser concedido acesso a qualquer outro objeto, para compreender o nível seguinte (o protegido) é necessário introduzir primeiro o pilar seguinte.

O próximo pilar é a **herança**, que é um mecanismo pelo qual uma classe pode ser a base para outra(s) que será(ão) a(s) derivada(s). É aqui que entram os termos não tão corretos "classe-mãe" e "classe-filha". Como resultado disto, as classes herdeiras têm as mesmas caraterísticas da classe que foi a sua base, aqui entra o terceiro nível de encapsulamento que não foi abordado anteriormente (privado para os outros e público entre a família).

Por fim, existe o **polimorfismo,** que é a capacidade de realizar algo de *várias formas*, suponhamos que temos uma classe base chamada animal e um dos seus métodos é expressar-se, e criamos duas classes, uma chama-se cão e a outra será gato, ambas são classes derivadas da classe animal, ambas têm um método que lhes permite expressarem-se, mas podemos implementar que se expressem de formas diferentes, a primeira expressar-se-á ladrando e a segunda miando.

São conhecidos como PILARES da programação orientada para objectos porque graças a estas estratégias é possível codificar um programa completo. Como disse no início "Este não é um livro de programação orientada a objectos", apenas se pretende deixar claro que estes são conceitos necessários para programar com uma framework, uma vez que se baseiam numa linguagem e a que vamos trabalhar é o LARAVEL que utiliza PHP que é uma linguagem orientada a objectos.

Padrões de conceção

Uma vez que estamos a falar de questões de programação, devemos recordar o conceito de padrão de design, uma vez que os framworks os utilizam, vamos defini-lo como "uma forma de resolver um problema que está provado que funciona", esta frase é muito genérica, de acordo com Gustavo Damián Campo que ensina na Faculdade de Engenharia da Universidade Católica de Salta, Argentina "Um padrão de design é uma solução repetível para um problema recorrente no design de software". [1]O mais óbvio talvez seja o padrão MVC (Model-View-Controller Pattern), que eu pessoalmente associo à frase "dividir para conquistar".

O modelo é a parte que contém a lógica da aplicação, normalmente contendo o acesso aos dados utilizados na resolução do problema (é aqui que se acede à base de dados), a **vista** é a parte que determina a forma como esses dados são apresentados ao utilizador e o **controlador** é responsável por decidir como o sistema deve reagir aos pedidos feitos pelo utilizador final.

Existem diferentes tipos de padrões, entre eles, o de criação, o estrutural e o comportamental, exemplos do primeiro seriam o padrão *singleton* ou o *factory,* ambos explicam como criar um objeto, o primeiro mostra-nos como podemos criar uma instância que será partilhada por toda a aplicação e que qualquer objeto utilizará os mesmos dados. O seguinte permite-nos criar instâncias que serão utilizadas em diferentes situações, mas todas a partir da mesma fonte. Existem padrões estruturais, como o *decorator*, que nos mostram como podemos adicionar novas funcionalidades a um "objeto" já declarado. Quando queremos realizar tarefas que dependem umas das outras, mas de forma desacoplada, podemos usar o padrão *observer* (que é considerado um padrão compartimental).

E há muitos mais.

Convenções

É difícil modificar um código fonte quando o seu conteúdo não é compreendido. Para que muitas pessoas possam dar o mesmo significado e implementar o seu código de forma semelhante, existem convenções, lembre-se que estas são uma forma acordada pela maioria para realizar uma determinada atividade, ao contrário de uma norma que deve ser respeitada.

Todos nós, enquanto programadores, sabemos que é necessário chamar às variáveis *x, y ou z* e, possivelmente, quando nos ensinaram isto, disseram-nos para utilizar nomes de variáveis que expressassem o que continham ou para que eram utilizadas.

convenções de nomenclatura.

Na maioria das linguagens de programação, a regra para a criação de identificadores é que podem começar com um sublinhado e continuar com uma ou mais letras e/ou números. Existem palavras reservadas dependentes do dialeto que não podem ser utilizadas, mas, em geral, não é possível utilizar espaços em branco.

As convenções de nomenclatura são utilizadas para especificar identificadores, e são **camelCase, PascalCase, snake_case, kebab-case**. Em todas elas os espaços em branco são substituídos, a forma é a seguinte.

Em PascalCase e camelCase, as letras maiúsculas são utilizadas no início de cada uma das palavras que compõem o nome do identificador, mas em camelCase, as letras maiúsculas são utilizadas a partir da segunda palavra.

Snake_case é tudo em minúsculas e os espaços são substituídos por um hífen.

A convenção kebab-case é utilizada para nomear identificadores que não sejam nomes de elementos utilizados numa expressão, uma vez que a linguagem de programação a interpretaria como uma subtração.

Vamos exemplificar a utilização de cada uma destas convenções com o identificador "carro lento", em **camel** case escrever-se-ia carroLento; em **pascal** case escrever-se-ia CarroLento, se fosse nomeado com snake case escrever-se-ia carro_lento e finalmente o kebab case neste caso seria nomeado carro-lento.

Conceito de quadro

Este será um livro em que ensinarei a criar uma aplicação utilizando a framework LARAVEL, volto a frisar que este não é um livro de programação, já mencionamos a palavra framework em várias ocasiões, Marcelo Cíceri em seu livro Introdução ao Laravel: Aplicações Robustas e de Grande Escala define como "um conjunto de estruturas e componentes de software pré-definidos e interligados que servem de base para a organização e desenvolvimento de sistemas de uso geral". [2] se entendermos que uma framework é uma aplicação incompleta mas funcional (a sua função é tipicamente um "hello world") e que o programador deve modificar (adicionar ou remover certas partes ou funcionalidades) para adequar o resultado aos requisitos do cliente, então podemos entender que uma framework é um conjunto de regras e convenções que são utilizadas em diferentes áreas de trabalho para realizar actividades de forma mais eficiente e rápida.

[1]Existem vários tipos de frameworks para todos os ramos do conhecimento, tenhamos em conta que este é um tipo de gioser em que os espaços são preenchidos de uma forma simples (não para desenhar letras e formar um texto, mas para atingir um objetivo), se for um framework de marketing é preenchido com as acções necessárias para atingir a venda que se pretende, se este for de desenvolvimento o objetivo é criar um programa de determinadas caraterísticas pelo que as coisas que serão adicionadas serão bibliotecas e código que facilitarão atingir o objetivo estabelecido.

Como mencionado anteriormente, existem vários tipos de frameworks, os que nos interessam são os de desenvolvimento, especificamente o desenvolvimento web, cada um é baseado em uma linguagem de programação, no caso do JAVA temos Spring, Struts e outros, no caso do JAVASCRIPT temos Express e Nextjs e no caso do PHP temos Laravel, Symfony, Zend e outros; Todas as listas anteriores são enunciativas e não limitativas, da mesma forma existem frameworks que são conhecidas como **front end** e outras são conhecidas como **back end**, estes nomes fazem alusão a parte que estas são executadas, as primeiras estão na ponta que o cliente final vê (são as que modificam as views e exemplo destas são angular, vue e outras) e as outras são executadas no servidor, há vezes em que as frameworks podem ser de back ou front, como é o caso do LARAVEL e neste caso são conhecidas como **full stack**.

Ferramentas de desenvolvimento

[2]Outro tópico a discutir serão as ferramentas que iremos utilizar para criar o nosso ambiente de desenvolvimento, em primeiro lugar, **o COMPOSER** , que é um gestor de dependências para PHP.

Em várias ocasiões pode ter encontrado uma mensagem de que não é possível instalar o software *x* porque o software *y* não está instalado no seu computador (normalmente acontece se quiser instalar o office e não tiver o .Net framework), isto deixará de acontecer porque a sua aplicação terá um ficheiro de configuração chamado composer.json (este é o ficheiro de configuração está no formato JavaScript Object Notation), não confundir com o ficheiro composer.lock, o primeiro descreve os pacotes que são necessários para instalar a aplicação e o segundo descreve os pacotes que foram instalados.

[3]Outra ferramenta é o **GIT**, que é um controlador de versões distribuído. Este software permite-lhe controlar os ficheiros de código fonte que desenvolve. De tempos a tempos, faz "commits" que são como instantâneos do código e estes geram um identificador único para cada um (hash), podendo a qualquer momento voltar a uma versão anterior (instantâneo). A caraterística distribuída deve-se ao facto de vários utilizadores poderem fazer modificações no mesmo projeto (repositório).

[4]Outra ferramenta é o **NGROCK ,** é um proxy reverso, ou seja, é um software através do qual outros podem ter acesso aos recursos que você estabelece, se você está desenvolvendo um sistema com a ajuda de um servidor web, então na porta 80 da sua máquina você pode ver o resultado, mas outras pessoas não podem vê-lo diretamente, eles poderiam configurar seus dispositivos para que eles estejam na mesma rede e possam ver o sistema em seu endereço IP, mas com ngrock um endereço do tipo

---

[1] Um gioser é um estêncil feito de papel grosso, que é utilizado para traçar letras.

[2] Pode ser descarregado do seu sítio Web https://getcomposer.org/

[3] Pode descarregá-lo em https://git-scm.com/downloads

[4] Pode ser consultado no seu sítio Web https://ngrok.com/

http://fca2fa3fd170 será gerado.O ngrok.io e todos os pedidos que alguém fizer através da Internet serão redireccionados para a aplicação web no seu computador.

Utilização do património familiar

[5]Para os utilizadores do Windows cujo computador não trabalha fluentemente com máquinas virtuais, recomenda-se a utilização do **LARAGON** , esta parte deste documento é opcional e pode ser omitida, uma vez que também é possível utilizar um ambiente de desenvolvimento com outras ferramentas como o xamp, wamp, etc. [6]Ao utilizar **o VAGRANT** não depende de um hipervisor específico para poder gerir máquinas virtuais (pode utilizar o oracle virtualbox ou o vmware ou outro), com isto é possível criar o seu próprio ambiente de desenvolvimento (mais à frente iremos demonstrar a sua utilização).

[7]As máquinas virtuais instalam um sistema operativo e para isso são usadas imagens ISO, no caso do vagrant o que é usado são caixas (BOXes). Os criadores da framework LARAVEL também criaram a BOX Homestead , é uma instalação baseada no Ubuntu e tem pré-carregadas várias ferramentas que facilitam o desenvolvimento web.

Primeiro, precisamos de clonar (a gíria git usa o comando git clone que faz uma cópia) o repositório laravel/homestead do github. Em seguida, vamos modificar o ficheiro de configuração Homestead.yalm (quando descarregarmos a nossa cópia, podemos basear-nos no exemplo Homestead.yalm.exemplo) para definir como queremos que seja a máquina virtual que vamos usar, definir o IP, quanta memória ram vamos alocar, quantos processadores e se queremos partilhar alguma pasta da nossa máquina host (máquina física) para a nossa máquina host (máquina virtual) o acima referido é declarado na secção folders, na qual encontrarão uma entrada chamada map que significa que tudo o que tivermos numa determinada localização no nosso sistema de ficheiros (o ~/code) significa no subdiretório code do diretório raiz do utilizador atual (o utilizador que está a usar o vagrant, [8]devemos lembrar que o diretório em que começamos será o que contém nosso arquivo de configuração) e a entrada to é o endereço de onde essa pasta estará (se você já usou linux talvez esteja familiarizado com o termo montar um sistema de arquivos), tem outras seções como sites, que especifica os sites que terão nossa máquina virtual, esse ambiente tem nginx pré-configurado com suporte a múltiplos hosts, cada um deles é configurado de acordo com as entradas dos sites, para cada um destes pode especificar um atributo chamado php, este é usado para estabelecer a versão desta linguagem que terá este site, deve lembrar-se que o homstead dependendo da versão tem instalado várias ferramentas e também várias versões do php, por isso é possível declarar que em test1.test use php na

[5] Um pacote que instala, juntamente com um servidor Web, as ferramentas necessárias para o desenvolvimento de projectos LARAVEL.

[6] O VAGRANT é um gestor de máquinas virtuais.

[7] Pode ser lido em https://laravel.com/docs/9.x/homestead

[8] Um servidor Web de elevado desempenho que também pode ser configurado como um proxy inverso.

versão 7.4 e em test2.test use php na versão 8 (os nomes dos sites são definidos com a entrada map e a localização dos ficheiros que terão este site é definida com a entrada to).

Para iniciar a máquina virtual usamos o comando vagrant up e para a desligar usamos o vagrant halt, sempre que fizermos uma alteração na configuração usamos o comando vagrant reload -provision, é importante usar o modificador provision senão seria como "reiniciar a máquina, mas não recarregar a configuração que modificámos".

2.- Primeiros passos com LARAVEL

Primeiro vamos instalar a framework, para realizar esta ação existem várias formas, vamos começar por utilizar a ferramenta composer (que como vimos anteriormente é um gestor de dependências) que vai ler o ficheiro composer.json e nele estão os requisitos para instalar a aplicação (lembrem-se que o ficheiro composer.lock contém as versões dos requisitos que já foram instalados), se analisarmos o conteúdo do ficheiro composer.json verificamos que é necessário ter a versão 8.0.2 ou superior do PHP assim como a 9.19 ou superior da framework e outras especificações.

```
pruebas@otro:~/ejercicio$ cat composer.json
{
    "name": "laravel/laravel",
    "type": "project",
    "description": "The Laravel Framework.",
    "keywords": ["framework", "laravel"],
    "license": "MIT",
    "require": {
        "php": "^8.0.2",
        "guzzlehttp/guzzle": "^7.2",
        "laravel/framework": "^9.19",
        "laravel/sanctum": "^3.0",
        "laravel/tinker": "^2.7"
    },
    "require-dev": {
        "fakerphp/faker": "^1.9.1",
        "laravel/pint": "^1.0",
        "laravel/sail": "^1.0.1",
        "mockery/mockery": "^1.4.4",
        "nunomaduro/collision": "^6.1",
        "phpunit/phpunit": "^9.5.10",
        "spatie/laravel-ignition": "^1.0"
    },
    "autoload": {
        "psr-4": {
            "App\\": "app/",
            "Database\\Factories\\": "database/factories/",
            "Database\\Seeders\\": "database/seeders/"
        }
    },
    "autoload-dev": {
        "psr-4": {
            "Tests\\": "tests/"
        }
    },
    "scripts": {
        "post-autoload-dump": [
            "Illuminate\\Foundation\\ComposerScripts::postAutoloadDump",
            "@php artisan package:discover --ansi"
        ],
        "post-update-cmd": [
            "@php artisan vendor:publish --tag=laravel-assets --ansi --force"
        ],
        "post-root-package-install": [
            "@php -r \"file_exists('.env') || copy('.env.example', '.env');\""
        ],
        "post-create-project-cmd": [
            "@php artisan key:generate --ansi"
        ]
    },
    "extra": {
        "laravel": {
            "dont-discover": []
        }
    },
    "config": {
        "optimize-autoloader": true,
        "preferred-install": "dist",
        "sort-packages": true,
        "allow-plugins": {
            "pestphp/pest-plugin": true
        }
    },
    "minimum-stability": "dev",
    "prefer-stable": true
}
pruebas@otro:~/ejercicio$
```

Quando utilizamos a ferramenta, ela verifica se a dependência indicada já foi descarregada anteriormente e está em cache e instala-a, caso contrário descarrega-a para a instalar, com ela também podemos criar um projeto, até mesmo dizer-lhe em que versão queremos:

```
pruebas@otro:~$ composer create-project laravel/laravel="5.1.*" ejercicio
Creating a "laravel/laravel=5.1.*" project at "./ejercicio"
Installing laravel/laravel (v5.1.33)
  - Installing laravel/laravel (v5.1.33): Extracting archive
Created project in /home/pruebas/ejercicio
> php -r "copy('.env.example', '.env');"
Loading composer repositories with package information
Updating dependencies
Lock file operations: 58 installs, 0 updates, 0 removals
  - Locking classpreloader/classpreloader (3.2.1)
  - Locking danielstjules/stringy (1.10.0)
  - Locking dnoegel/php-xdg-base-dir (0.1)
  - Locking doctrine/inflector (1.4.4)
  - Locking doctrine/instantiator (1.4.1)
  - Locking fzaninotto/faker (v1.5.0)
  - Locking hamcrest/hamcrest-php (v1.2.2)
  - Locking jakub-onderka/php-console-color (v0.2)
  - Locking jakub-onderka/php-console-highlighter (v0.3.2)
```

No exemplo anterior foi indicado para criar um projeto baseado no repositório laravel/laravel (como dissemos antes é user/repository) e que queremos a versão 5.1. (isto foi só para demonstração e não é o melhor pois esta versão já está obsoleta, por isso se não especificarmos uma instalamos a atual (que no momento em que escrevemos é a 9.3.9).

```
pruebas@otro:~$ composer create-project laravel/laravel ejercicio
Creating a "laravel/laravel" project at "./ejercicio"
Installing laravel/laravel (v9.3.9)
  - Installing laravel/laravel (v9.3.9): Extracting archive
Created project in /home/pruebas/ejercicio
> @php -r "file_exists('.env') || copy('.env.example', '.env');"
Loading composer repositories with package information
Updating dependencies
Lock file operations: 107 installs, 0 updates, 0 removals
  - Locking brick/math (0.10.2)
  - Locking dflydev/dot-access-data (v3.0.1)
  - Locking doctrine/inflector (2.0.6)
  - Locking doctrine/instantiator (1.4.1)
  - Locking doctrine/lexer (1.2.3)
  - Locking dragonmantank/cron-expression (v3.3.2)
  - Locking egulias/email-validator (3.2.1)
  - Locking fakerphp/faker (v1.20.0)
  - Locking filp/whoops (2.14.5)
```

Mas existe um instalador que foi desenvolvido pelos criadores da estrutura, instalamo-lo com o comando:

```
pruebas@otro:~$ composer create-project laravel/installer
Creating a "laravel/installer" project at "./installer"
Installing laravel/installer (v4.2.17)
  - Installing laravel/installer (v4.2.17): Extracting archive
Created project in /home/pruebas/installer
Loading composer repositories with package information
Updating dependencies
Lock file operations: 37 installs, 0 updates, 0 removals
  - Locking doctrine/instantiator (1.4.1)
  - Locking myclabs/deep-copy (1.11.0)
  - Locking nikic/php-parser (v4.15.1)
  - Locking phar-io/manifest (2.0.3)
  - Locking phar-io/version (3.2.1)
  - Locking phpunit/php-code-coverage (9.2.17)
  - Locking phpunit/php-file-iterator (3.0.6)
  - Locking phpunit/php-invoker (3.1.1)
  - Locking phpunit/php-text-template (2.0.4)
  - Locking phpunit/php-timer (5.0.3)
```

Como não foi especificado nenhum nome para a pasta no final, será criada uma pasta chamada installer.

```
pruebas@otro:~$ ls
installer
pruebas@otro:~$ ls installer/
bin  composer.json  composer.lock  LICENSE.md  README.md  src  vendor
pruebas@otro:~$ ls installer/bin/
laravel
pruebas@otro:~$
```

Dentro do instalador está o instalador na pasta bin e, utilizando-o, podemos criar um novo projeto que contém a estrutura.

```
pruebas@otro:~$ ./installer/bin/laravel new ejercicio

 _                               _
| |                             | |
| |     __ _ _ __ __ ___   _____| |
| |    / _` | '__/ _` \ \ / / _ \ |
| |___| (_| | | | (_| |\ V /  __/ |
|______\__,_|_|  \__,_| \_/ \___|_|

Creating a "laravel/laravel" project at "./ejercicio"
Info from https://repo.packagist.org: #StandWithUkraine
Installing laravel/laravel (v9.3.9)
  - Installing laravel/laravel (v9.3.9): Extracting archive
Created project in /home/pruebas/ejercicio
> @php -r "file_exists('.env') || copy('.env.example', '.env');"
Loading composer repositories with package information
Updating dependencies
Lock file operations: 107 installs, 0 updates, 0 removals
  - Locking brick/math (0.10.2)
  - Locking dflydev/dot-access-data (v3.0.1)
  - Locking doctrine/inflector (2.0.6)
  - Locking doctrine/instantiator (1.4.1)
  - Locking doctrine/lexer (1.2.3)
```

Mas também podemos instalá-lo passo a passo; para isso, vamos cloná-lo usando o git (se não especificarmos um nome de pasta no final do comando, ele deixará o projeto numa pasta com o mesmo nome do repositório).

```
pruebas@otro:~$ git clone https://github.com/laravel/laravel.git ejercicio
Cloning into 'ejercicio'...
remote: Enumerating objects: 33557, done.
remote: Counting objects: 100% (1/1), done.
remote: Total 33557 (delta 0), reused 0 (delta 0), pack-reused 33556
Receiving objects: 100% (33557/33557), 10.25 MiB | 3.47 MiB/s, done.
Resolving deltas: 100% (19855/19855), done.
```

O diretório de exercícios contém a estrutura, mas ainda precisamos de criar um ficheiro de configuração geral para a estrutura, o ficheiro .env, e para isso podemos utilizar o ficheiro .env.example (nos sistemas operativos baseados em unix, os ficheiros cujo nome começa por um ponto estão ocultos).

Vamos fazer uma cópia do ficheiro **.env.example** (lembre-se que tem de estar na pasta de exercícios, mas também pode fazê-lo a partir de um explorador de ficheiros. Algumas pessoas também renomeiam o ficheiro de exemplo.

Chegou a hora de instalar as dependências, para isso faremos uso da ferramenta composer, podemos ver o arquivo composer.json que está entre os arquivos que foram baixados, se verificarmos veremos que ele diz como necessário o pacote laravel/framework (já comentamos que ele é baseado no github e é lido como user/repository)

```
pruebas@otro:~/ejercicio$ cat composer.json
{
    "name": "laravel/laravel",
    "type": "project",
    "description": "The Laravel Framework.",
    "keywords": ["framework", "laravel"],
    "license": "MIT",
    "require": {
        "php": "^8.0.2",
        "guzzlehttp/guzzle": "^7.2",
        "laravel/framework": "^9.19",
        "laravel/sanctum": "^3.0",
        "laravel/tinker": "^2.7"
    },
```

o comando que vamos utilizar para verificar se temos os requisitos instalados é update

```
pruebas@otro:~/ejercicio$ composer  update
Loading composer repositories with package information
Updating dependencies
Lock file operations: 107 installs, 0 updates, 0 removals
  - Locking brick/math (0.10.2)
  - Locking dflydev/dot-access-data (v3.0.2)
  - Locking doctrine/inflector (2.0.6)
  - Locking doctrine/instantiator (1.4.1)
  - Locking doctrine/lexer (1.2.3)
  - Locking dragonmantank/cron-expression (v3.3.2)
  - Locking egulias/email-validator (3.2.1)
  - Locking fakerphp/faker (v1.20.0)
  - Locking filp/whoops (2.14.5)
  - Locking fruitcake/php-cors (v1.2.0)
  - Locking graham-campbell/result-type (v1.1.0)
  - Locking guzzlehttp/guzzle (7.5.0)
  - Locking guzzlehttp/promises (1.5.2)
  - Locking guzzlehttp/psr7 (2.4.1)
  - Locking hamcrest/hamcrest-php (v2.0.1)
  - Locking laravel/framework (v9.36.4)
  - Locking laravel/pint (v1.2.0)
  - Locking laravel/sail (v1.16.2)
  - Locking laravel/sanctum (v3.0.1)
  - Locking laravel/serializable-closure (v1.2.2)
  - Locking laravel/tinker (v2.7.2)
  - Locking league/commonmark (2.3.5)
  - Locking league/config (v1.1.1)
  - Locking league/flysystem (3.10.1)
  - Locking league/mime-type-detection (1.11.0)
  - Locking mockery/mockery (1.5.1)
  - Locking monolog/monolog (2.8.0)
  - Locking myclabs/deep-copy (1.11.0)
```

O Laravel trata por segurança um token baseado numa chave de encriptação, por isso agora vamos usar o script artisan da framework, para gerar essa chave, estando na raiz do projeto executamos o seguinte comando

```
pruebas@otro:~/ejercicio$ php artisan key:generate

  INFO  Application key set successfully.

pruebas@otro:~/ejercicio$ cat .env
APP_NAME=Laravel
APP_ENV=local
APP_KEY=base64:Pz5e5NDOqGY2vEw2PFitpFj702SKraO2PEobVEC6hjY=
APP_DEBUG=true
APP_URL=http://localhost
```

Pude confirmar que a variável APP_KEY no arquivo .env mudou de uma string limpa para uma string de base 64.

Vamos explicar o comando anterior, em primeiro lugar, chamamos o interpretador PHP, uma vez que o artisan é um script nesta linguagem e é o principal com o qual podemos criar elementos, realizar acções, etc... por outras palavras, utilizar a estrutura LARAVEL.

O parâmetro key é o comando e a este, depois dos dois pontos, indicamos o subcomando, neste caso estamos a gerar o key (key não tem uma variedade de subcomandos como outros, por exemplo make).

Agora que já configurámos (o básico necessário) podemos ver a framework em ação, para isso vamos usar o comando serve (este corre um servidor web de desenvolvimento), instala-o na porta 8000 ao contrário de um servidor web que normalmente está na porta 80.

```
pruebas@otro:~/ejercicio$ php artisan serve

  INFO  Server running on [http://127.0.0.1:8000].

  Press Ctrl+C to stop the server
```

Podemos alterar o ip (pode ser aquele que pretende que a sua máquina utilize na intranet) e também podemos alterar a porta.

```
pruebas@otro:~/ejercicio$ php artisan serve --host=192.168.56.106 --port=8081

  INFO  Server running on [http://192.168.56.106:8081].

  Press Ctrl+C to stop the server
```

y

agora poderemos ver o nosso sistema a partir de um navegador Web (mesmo a partir de outra máquina, se não tivermos uma firewall activada).

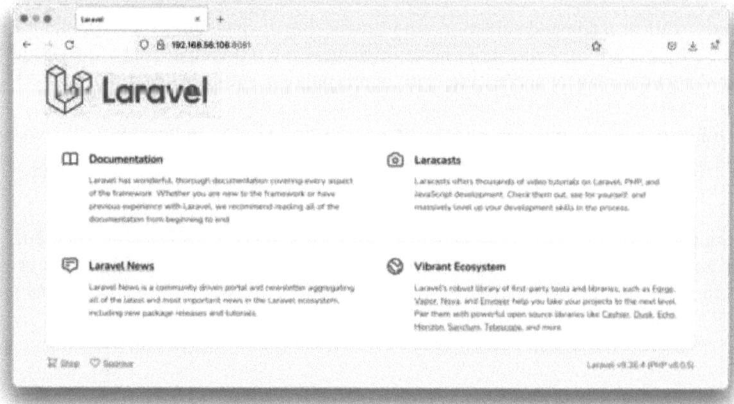

Note que, quando criámos o exercício (com o instalador ou com a ferramenta composer), executámos todos os passos, instalámos as dependências, gerámos o ficheiro .env e adicionámos a chave de encriptação.

Chegou o momento de conhecer as pastas e ficheiros da framework, para isso vamos explorar o frameworkr (em diferentes versões pode ou não encontrar alguns destes, mas são apresentados os mais relevantes).

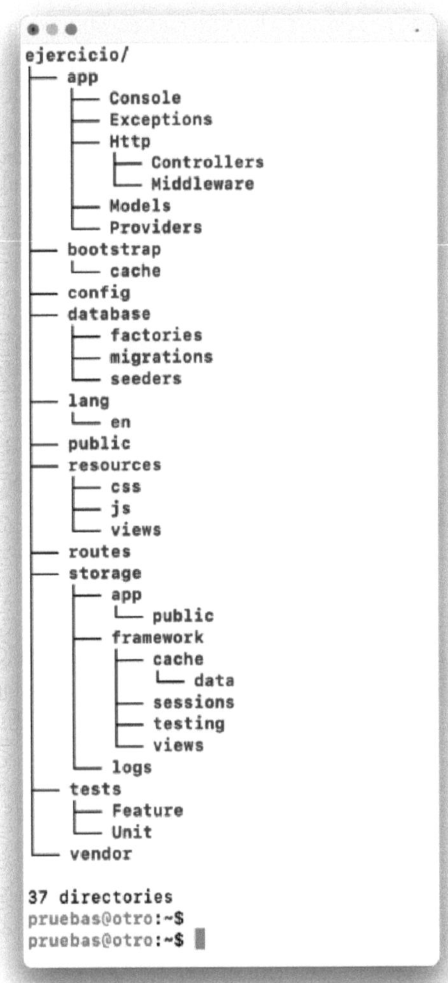

Começaremos por explicar os diretórios da estrutura e, em seguida, explicaremos os ficheiros importantes

Em primeiro lugar, temos a diretoria **app**, podemos dizer que a aplicação (ou a maior parte dela) estará dentro desta diretoria, é aqui que temos uma diretoria para comandos que são executados a partir da consola, são estes que podemos executar com o script artisan, o LARAVEL já traz vários, podemos criar os nossos. Em seguida, encontraremos o diretório **Exceptions**, onde colocaremos o código que queremos que seja executado quando uma exceção for encontrada (assim como em várias linguagens usamos o *try-catch*, podemos definir a lógica com que trataremos esse erro e também podemos definir como será o sistema.

Temos a pasta **Http**, que contém as pastas **Controllers** e **Middlware** (e outras que serão criadas conforme a necessidade), a primeira conterá os controllers (que são as classes que definem o comportamento que o sistema terá diante de determinados pedidos, e a segunda é a pasta onde serão armazenados os filtros para os pedidos, neles podemos determinar o que o sistema fará diante de um determinado pedido, É aqui que podemos validar se o pedido possui determinadas condições, por exemplo se o pedido é de um determinado endereço ou atende a determinados critérios, não confundir com as **FormRequest** que são classes que podem validar os campos de entrada que normalmente vem de um formulário, por exemplo validar se um dado é numérico, ou obrigatório etc.)

[9]Continuamos dentro da pasta **app** com a pasta **Models** (ignorando o modelo User.php que por defeito já existe na instalação) aqui são guardados os modelos gerados para os nossos sistemas, normalmente os modelos são aqueles que são responsáveis por guardar os dados utilizados na nossa aplicação no caso do LARAVEL estes trabalham com a base de dados através do eloquent que é o (ORM) que utiliza a framework. Nas versões anteriores não existia uma pasta especial para os guardar.

Por fim encontramos uma pasta para guardar os **Providers**, a instalação já tem algumas classes, estes providers são responsáveis por configurar e carregar alguns aspectos da aplicação, é comum dizermos que na pasta app está o sistema (ou pelo menos a maior parte dele) porque à medida que vamos criando eventos, emails e outros aspectos o código que é gerado estará em subpastas desta (a maior parte das classes que são criadas). A pasta seguinte a analisar é a bootstrap (é uma pasta de estrutura para a inicialização da aplicação, não confundir com a bootstrap css).

A pasta seguinte é a pasta de configuração, esta chama-se **config** e dentro dela vamos encontrar ficheiros php (classes que retornam arrays com a configuração que certas partes do sistema devem ter).

Chegámos à pasta **da base de dados**, nela podemos encontrar as configurações da base de dados, encontramos três subpastas, a primeira que vamos analisar é a **das migrações** pois é aqui que definimos cada um dos componentes da base de dados, a seguinte é a dos **seeders** que é onde alimentamos os dados da nossa base de dados (este é um mecanismo para criar por exemplo um utilizador "default" ou se por exemplo estivéssemos a desenvolver um sistema de peças de automóveis seria necessário ter um catálogo com as marcas dos carros, e é aqui que poderíamos alimentar esta tabela) e finalmente vamos analisar a pasta **das fábricas**, é através destas que podemos preencher a nossa base de dados com registos para teste, geralmente fazemos isto também com os semeadores uma vez que normalmente as fábricas geram dados aleatórios.

Continuamos com a pasta **lang** que tem uma subpasta, isto é para lidar com vários idiomas para a aplicação, por defeito a aplicação funciona no idioma inglês, mas isto pode ser alterado na configuração (ficheiro app.php localizado no diretório config), na Internet encontrará projectos de código aberto para alterar o idioma da aplicação, ou seja, adicionar uma subpasta.

É altura de verificar a pasta **pública**, que é o ponto de partida da nossa aplicação. Se colocarmos um ficheiro nesta pasta, ele estará disponível para qualquer pessoa na rede.

A pasta resources, como o seu nome indica, contém os recursos utilizados pela aplicação, contém três subpastas, a primeira que vamos analisar é views e nela, como o seu nome indica, vamos incluir as páginas que serão a "vista" da nossa aplicação, estas serão renderizadas como html no web browser de quem utilizar o nosso sistema; as outras duas pastas (js e css) são utilizadas por um "pré-processador", atualmente o LARAVEL utiliza o VITE para gerar os ficheiros app.js e app.css com os recursos utilizados pela nossa aplicação e coloca-os na pasta pública (em versões anteriores utilizava o webpack, mas não o podemos utilizar e incluir os nossos activos diretamente).

---

[9] O mapeamento relacional de objectos é uma forma de programação em que todos os elementos da base de dados são mapeados para a programação orientada para objectos.

A pasta seguinte é **routes**, este diretório contém os ficheiros api.php, channels.php, console.php e web.php, e neles definiremos como o sistema irá reagir aos pedidos que um utilizador faz. É possível definir o ficheiro onde as rotas serão pesquisadas em função do tipo de aplicação que é tratada, por exemplo, se for uma aplicação web quando o utilizador introduz o URL http://servidor/amigos/listar a rota é pesquisada no ficheiro web.php que se encontra dentro desta pasta e neste podemos definir a ação a realizar).

Na lista a próxima diretoria é **storage**, e a sua funcionalidade é guardar, mas depende da sub-pasta que se utiliza, as que tem são app, framework, e logs, o conteúdo da pasta **framework** (e as suas sub-diretorias) são ficheiros que o LARAVEL utiliza, por exemplo as views compiladas em php, os ficheiros de sessão que são tratados, etc.., a pasta **logs** contém os ficheiros de registo que o sistema gera, por definição existe um ficheiro chamado laravel.log onde são registados os erros que são gerados, e temos a pasta **app** onde guardamos os ficheiros que são armazenados na nossa aplicação, por exemplo ficheiros com fotografias que podemos carregar.

A pasta **tests** contém duas subpastas **Feature** e Unit, onde podemos guardar os ficheiros que definem os nossos testes que serão realizados no sistema, quer sejam testes de funcionalidade ou testes unitários.

E agora temos a pasta vendor na qual não guardamos ficheiros, esta é a pasta na qual as bibliotecas que são necessárias para executar a aplicação são guardadas, lembre-se que a ferramenta composer descarrega todos os requisitos e se modificar qualquer ficheiro que esteja dentro do vendor, da próxima vez que o composer atualizar irá descarregar novos ficheiros e substituir as alterações.

Quando falamos dos arquivos especiais encontrados na raiz do projeto vamos encontrar os arquivos: composer.json, composer.lock, package.json, phpunit.xml, README.md e vite.config.[10]js, dos dois primeiros já tínhamos explicado, o terceiro está para o npm como o primeiro para a ferramenta composer, temos também o caso de um ficheiro xml em que se configura o sistema de testes da framework, o penúltimo como o próprio nome sugere tem informações sobre o projeto e o último é a configuração que permite completar os assets (recursos java script e css que serão incluídos no projeto, após a compilação com o vite (em versões anteriores do laravel usávamos o webpack) isso não é necessário pois os arquivos app.css e app.js que são gerados com a compilação e colocados em public podem ser substituídos por bibliotecas ou cdn's para estes.

É altura de falar mais aprofundadamente sobre as rotas, serão dados exemplos com rotas web (mas de forma semelhante uma aplicação web pode criar rotas para uma API ou outras que o LARAVEL trata).

No ficheiro /routes/web.php, a fachada ROUTE é incluída por defeito.

```
utilizar o Illuminate "Apoio ao encaminhamento";
```

com esta instrução estamos a dizer que no código deste ficheiro podemos utilizar a classe ROUTE que está definida neste endereço (se formos observadores estamos a referir-nos

[10] Acrónimo de node pakage manager, um gestor de pacotes de nós (que é baseado em java script).

a um ficheiro localizado na pasta vendor especificamente /laravel/framework/src/Illuminate/Support/Facades/Route.[11]php e se formos observar faz parte da framework, esta classe permite-nos definir novas rotas, ou seja, quando um utilizador escreve no cliente web um "endereço" (ou seja um URL) as acções a realizar, para isso é importante saber quais são os **verbos http** (neste escrito apenas referimos GET, PUT, POST e DELETE embora existam muitos outros).

Por exemplo, declaramos esta rota

```
Route::get('greet',function(){
  echo "OLÁ";
});
```

Isto é, indicar com uma função anónima que, quando o sistema recebe um pedido GET que corresponde ao URI "greet", deve imprimir a palavra hello.

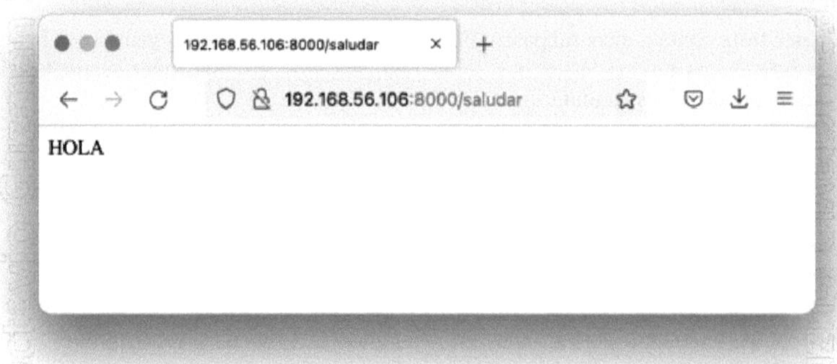

Desta forma, podemos receber por parâmetro o nome da pessoa que vamos cumprimentar.

```
Route::get('greet/{name}',function($parameter){
   $name = $parameter;
   echo "OLÁ ";
   echo strtoupper($name);

});
```

[11] O Uniform Resource Locator, vulgarmente conhecido como endereço Web, é o endereço que vemos na barra de endereços do browser.

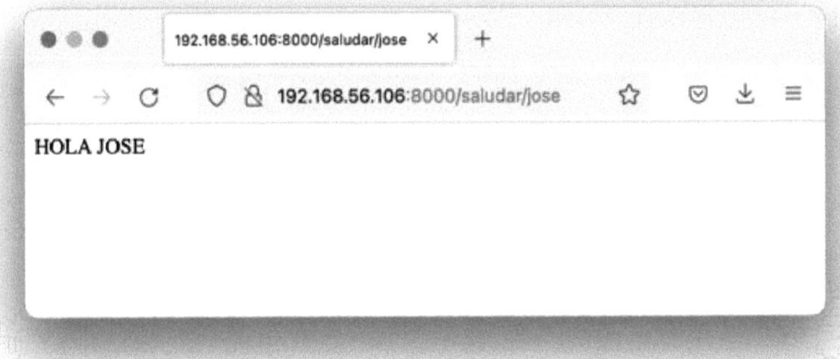

Também podemos passar outro parâmetro que é a língua em que queremos saudar (inglês, francês, espanhol).

```
Route::get('greet/{name}/{language}',function($parameter01, $parameter02){
   $name = $parameter01;
   $language = $parameter02;
   switch ($language) {
      caso 'English':
         echo "HI ";
         echo strtoupper($name);
         pausa;
      caso "francês":
         echo "SALUT ";
         echo strtoupper($name);
         pausa;
      caso "alemão":
         echo "HALLO ";
         echo strtoupper($name);
         pausa;
      por defeito:
         echo "VOCÊ NÃO ESPECIFICOU NENHUMA LÍNGUA";
         pausa;
   }
});
```

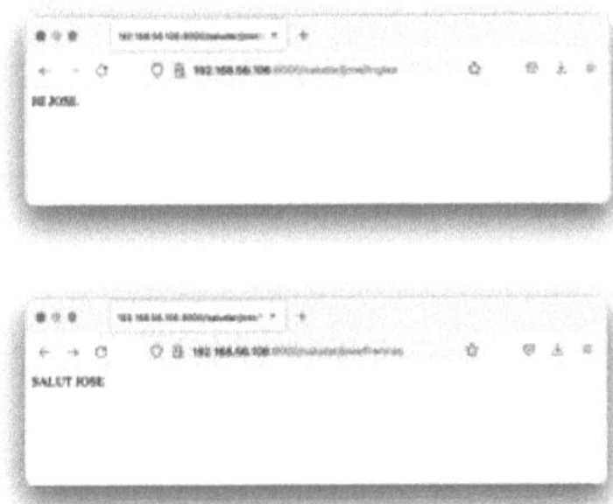

Mas se não introduzirmos a língua, o sistema dá uma mensagem de erro, isto porque devemos lembrar-nos que na definição da rota referimos que o segundo parâmetro não era opcional.

Resolvemos este problema definindo o segundo parâmetro como opcional e atribuindo à variável um valor por defeito.

```
Route::get('greetings/{name}/{language?}',function($parameter01,
$parameter02='English'){
  $name = $parameter01;
  $language = $parameter02;
  switch ($language) {
    caso 'English':
      echo "HI ";
      echo strtoupper($name);
      pausa;
    caso "francês":
      echo "SALUT ";
      echo strtoupper($name);
      pausa;
    caso "alemão":
      echo "HALLO ";
      echo strtoupper($name);
      pausa;
    caso "espanhol":
      echo "OLÁ ";
      echo strtoupper($name);
      pausa;
  }
});
```

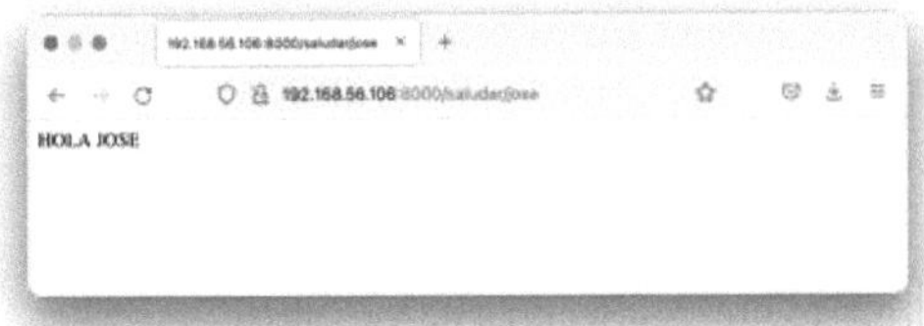

Até agora resolvemos tudo a partir do nosso ficheiro web.php mas o nosso sistema vai continuar a crescer, vamos adicionar a funcionalidade de pedir o nome de utilizador e a palavra-passe, com base nestas credenciais dar as boas-vindas ao utilizador ou indicar que algo estava errado, para isso vamos fazer um controlador, estes são utilizados para agrupar funcionalidades como no exemplo que vamos ver e podem surgir de duas fontes, um caso de utilização ou a gestão de um modelo.

Em parte, o caso de utilização para iniciar sessão é:

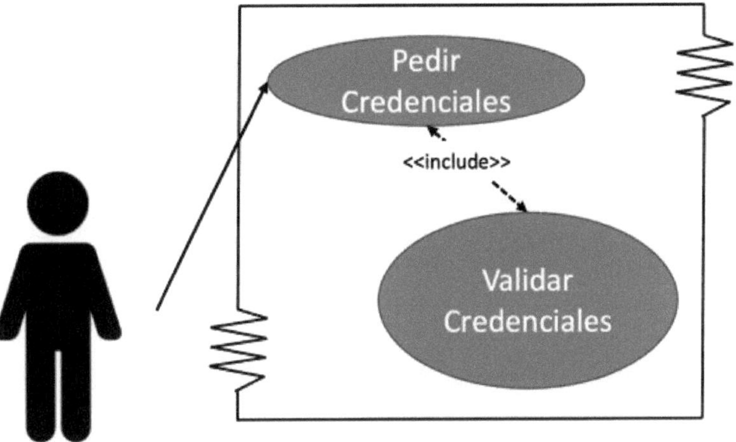

Então vamos criar o controlador chamado EntrarController (a convenção diz que o nome deve ser em PascalCase e terminar com a palavra Controller) então vamos usar o comando :

```
php artisan make:controller LoginController
```

[12]que gera o ficheiro EntrarController.php que contém a classe EntrarController e que se encontra na pasta **Controllers** que é uma subpasta de **Http** que se encontra na **app**, nesta classe vamos criar os métodos requestCredentials, validateCredentials e exit (todos estes serão nomeados com camel case) e nestes métodos vamos incluir o código que gera a funcionalidade pretendida. Desta forma, o nosso ficheiro web.php terá apenas a referência do método que queremos executar quando uma rota é preenchida.

[12] Um estilo de notação em que a primeira letra de cada palavra é escrita em maiúsculas (tudo o resto em minúsculas) para evitar o uso de espaços, mas, ao contrário do pascalcase, a primeira letra do resultado será minúscula.

Em vez de utilizar várias linhas de código (como é feito nas linhas 21 a 40, que foi o caminho de saudação que utilizámos nos exemplos anteriores), utilizamos algumas linhas para os caminhos nas linhas 51 e 52, mas adicionaremos funcionalidades a estes mais tarde (criámos os caminhos do produto e do painel de controlo apenas como teste).

```
20  Route::get('saludar/{nombre}/{idioma?}',function($parametro01, $parametro02='español'){
21      $nombre = $parametro01;
22      $idioma = $parametro02;
23      switch ($idioma) {
24          case 'ingles':
25              echo "HI ";
26              echo strtoupper($nombre);
27              break;
28          case 'frances':
29              echo "SALUT ";
30              echo strtoupper($nombre);
31              break;
32          case 'aleman':
33              echo "HALLO ";
34              echo strtoupper($nombre);
35              break;
36          case 'español':
37              echo "HOLA ";
38              echo strtoupper($nombre);
39              break;
40      }
41  });
42
43  Route::get('dashboard', function () {
44      echo "dashoard del administrador";
45  });
46
47  Route::get('productos', function () {
48      echo "mostar productos al cliente";
49  });
50
51  Route::get('entrar',[\App\Http\Controllers\EntrarController::class,'pedirCredenciales']);
52  Route::post('entrar',[\App\Http\Controllers\EntrarController::class,'validarCredenciales']);
53
```

Podemos otimizar as linhas 51 e 52 incluindo o driver no início do ficheiro web.php com um

```
1  <?php
2
3  use Illuminate\Support\Facades\Route;
4  use App\Http\Controllers\EntrarController;
5
```

```
48  Route::get('productos', function () {
49      echo "mostar productos al cliente";
50  });
51  Route::get('entrar',[EntrarController::class,'pedirCredenciales']);
52  Route::post('entrar',[EntrarController::class,'validarCredenciales']);
53
```

Algo que devemos comentar é que no LARAVEL a partir da versão 8 foi eliminado o namespace das rotas que o sistema utilizava por defeito, nas versões anteriores podíamos definir a rota da linha 51 como

```
Route::get('enter','EnterController@requestCredentials');
```

E na versão 8 seria

```
Route::get('log in','App\HttpControllers','App\HttpControllers');
```

O que está atualmente a crescer em código é o controlador, que iremos explicar:

```
1  <?php
2
3  namespace App\Http\Controllers;
4
5  use Illuminate\Http\Request;
6
7  class EntrarController extends Controller
8  {
9      function pedirCredenciales(){
10         echo "<html><head><title>ENTRADA</title></head><body>";
11         echo "<form method='post'>usuario:<input type='text' name='usr'><br>";
12         echo "clave:<input type='password' name='pwd'><br>";
13         echo "<input type='submit' value='enviar'></form></body></html>";
14     }
15     function validarCredenciales(Request $request){
16         $usuario = $request->input('usr');
17         $password = $request->input('pwd');
18         // Revisar si el usuario introdujo la clave correcta.
19         if ($usuario == 'admin' && $password == 'nimda')
20             return redirect('dashboard');
21         if ($usuario == 'cliente' && $password == 'etneilc')
22             return redirect('productos');
23         return redirect()->back();
24     }
25 }
26
```

O que adicionámos foi da linha 9 à linha 24, o resto foi gerado pelo comando make:controller.

Na linha 9 criamos o método requestCredentials que com várias chamadas à função echo do php imprimimos uma página web com um formulário que capta o nome do utilizador (numa caixa de texto chamada usr e a palavra-passe numa caixa de texto do tipo password que se chama pwd), ao formulário atribuímos o método POST (lembrem-se do que sabem sobre os verbos http) como não atribuímos atributo acction o destino dos dados adquiridos aqui será o mesmo caminho.

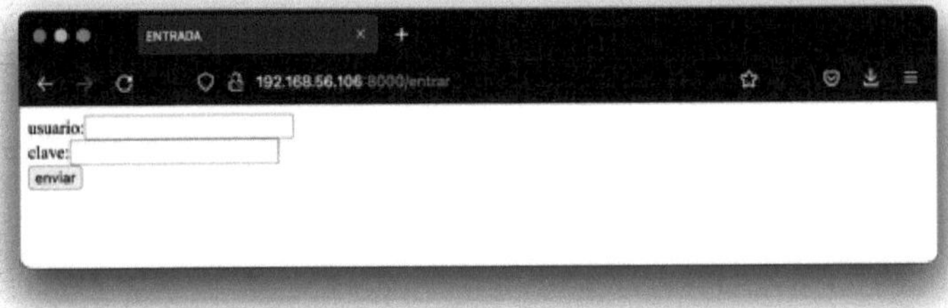

Neste ponto, para que a entrega de dados POST funcione, temos de comentar a utilização do middleware VerifyCsrfToken na chave web da matriz middlewareGroups do ficheiro app/Http/Kernel.php.

```
28         *
29         * @var array<string, array<int, class-string|string>>
30         */
31        protected $middlewareGroups = [
32            'web' => [
33                \App\Http\Middleware\EncryptCookies::class,
34                \Illuminate\Cookie\Middleware\AddQueuedCookiesToResponse::class,
35                \Illuminate\Session\Middleware\StartSession::class,
36                \Illuminate\View\Middleware\ShareErrorsFromSession::class,
37                //\App\Http\Middleware\VerifyCsrfToken::class,
38                \Illuminate\Routing\Middleware\SubstituteBindings::class,
39            ],
40
41            'api' => [
42                // \Laravel\Sanctum\Http\Middleware\EnsureFrontendRequestsAreStateful::class,
43                'throttle:api',
44                \Illuminate\Routing\Middleware\SubstituteBindings::class,
45            ],
46        ];
47
```

Faremos isto para que o exemplo funcione de momento, depois removeremos este comentário que incluímos na linha 37 (e mais tarde explicaremos a utilização de middlewares pelo nome, se tiver dúvidas pode investigar o ataque csrf e esta é uma estratégia que o LARAVEL implementa para o evitar).

[13]É hora de explicar o método validarCredenciais que começa na linha 15 do nosso arquivo EntrarController, podemos observar que na assinatura do método encontramos que ele recebe como parâmetro o request (a solicitação que o cliente envia ao servidor) atual, com isso podemos identificar a origem da solicitação, bem como as variáveis que vem nela.
Depois, na linha 16, vamos obter o que o utilizador escreveu na caixa de texto chamada usr (semelhante ao que é feito no código que se segue, mas agora é feito com a entrada pwd), a lógica que utilizamos para a validação é muito simples, se o utilizador que foi introduzido se chama **admin** e com a password **nimda** permitimos que ele veja o dashboard da aplicação, da mesma forma se o utilizador se chama **cliente** e a sua password é a palavra **etneilc** ele poderá ver a página de produtos, por essa razão usamos a função redirect e a esta passamos como parâmetro a rota para a qual queremos que o sistema seja direcionado. Mas se as credenciais introduzidas não estiverem corretas, o sistema será redireccionado para o passo anterior (lembre-se que antes estávamos no formulário de introdução).

Mas ainda não acabámos, acontece que apesar de agora termos um ficheiro web.php que é compreensível temos tudo amontoado no controller e é altura de usar as views. Para isso não existe o comando make:view, são ficheiros que criamos e que podem ser scripts em php ou blade (este último é o sistema de templates que inclui o LARAVEL), tem um diretório especial no qual se deve guardar e este chama-se **views** que se encontra na pasta **resources** do nosso projeto.

Podemos dizer que o Blade é como o php para o HTML, embora este último permita a utilização de variáveis e estruturas de controlo (entre outras caraterísticas) e o primeiro acrescente também outras peculiaridades, por exemplo, a sanitização de dados (utiliza a função htmlspecialchars do php para evitar um ataque xss, se quiser imprimir uma variável à medida que esta aparece pode utilizar {!! $variable !!}), bem como outras

[13] Recordemos que um cliente e um servidor Web comunicam através de http e, de uma forma simplificada, diremos que o cliente envia pedidos (um pedido qualquer) e recebe o que seria uma resposta que é identificada com um código de estado.

diretivas (em cycles tem acesso à variável $loop que lhe dá informação sobre a iteração) e outras caraterísticas.

Neste ponto podemos definir a view que se chama ask (na verdade é criar um ficheiro php chamado ask.php que mais tarde se tornará ask.blade.php) que está dentro da pasta views, neste ficheiro vamos escrever o que seria uma página html que pede os dois campos, em si o antigo conteúdo do método askCredentials pois este agora apenas devolve a instrução para carregar esta view.

```
função requestCredentials(){
    return view('request');
}
```

```
<!DOCTYPE html>
<html lang="es">
<head>
    <meta charset="UTF-8">
    <meta http-equiv="X-UA-Compatible" content="IE=edge">
    <meta name="viewport" content="width=device-width, initial-scale=1.0">
    <title>Document</title>
</head>
<body>
    <form method="post">
        usuario: <input type="text" name="usr"><br>
        clave: <input type="password" name="pwd"><br>
        <input type='submit' value='enviar'>
    </form>
</body>
</html>
```

Ilustração 1 Código do ficheiro request.php

O comportamento do sistema continua a ser o mesmo, mas conseguimos separar os elementos do programa, de modo que agora podemos atribuir as vistas a um designer (ou a alguém especializado em UX/UI) e deixar outra pessoa trabalhar na programação (o código de validação).

Mas as funcionalidades que a framework nos oferece são muitas e estamos apenas a começar a conhecê-las, como já referi anteriormente existe o blade, e podemos definir que este é o que o php é para o html, e assim em vez do ficheiro request ter a extensão php agora será um ficheiro ".blade.php" (existe precedência se existirem vários ficheiros que se chamam o mesmo mas têm extensões diferentes um é html, outro php e outro é blade.php então a função view carregará o último tipo de ficheiro antes do segundo e antes do terceiro), se quisermos passar alguma variável à view que definimos podemos fazê-lo de várias formas, uma delas é utilizar a função compact do php e depois atribuí-la como parâmetro à view.

Agora, o nosso método seria parecido com o seguinte:

```
função requestCredentials(){
    $sistema = "EXEMPLO";
    return view('request', compact('system'));
}
```

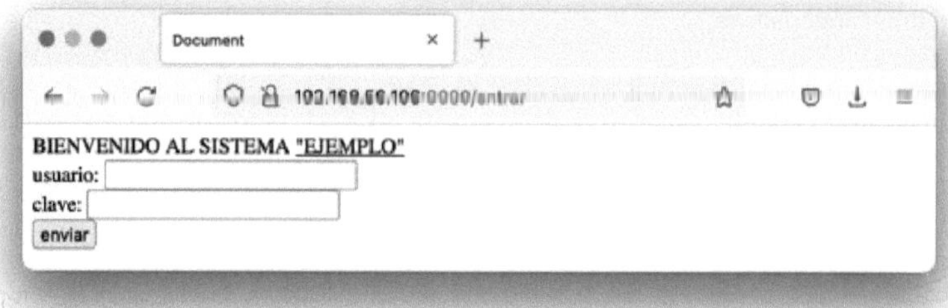

E a vista era assim:

```
<!DOCTYPE html>
<html lang="es">
<head>
    <meta charset="UTF-8">
    <meta http-equiv="X-UA-Compatible" content="IE=edge">
    <meta name="viewport" content="width=device-width, initial-scale=1.0">
    <title>Document</title>
</head>
<body>
    BIENVENIDO AL SISTEMA <u>"{{$sistema}}"</u>
    <form method="post">
        usuario: <input type="text" name="usr"><br>
        clave: <input type="password" name="pwd"><br>
        <input type='submit' value='enviar'>
    </form>
</body>
</html>
```

Outro aspeto que veremos são os modelos, o LARAVEL utiliza o eloquent, pelo que se executarmos o comando **php artisan make:model Conocido** é gerado o ficheiro Conocido.php no sub-diretório Models da pasta da aplicação (a convenção estabelece que os nomes dos modelos serão em maiúsculas e minúsculas e no singular, mencionam realmente a entidade).

[14]Mas como ainda não vamos utilizar bases de dados, não precisamos que herde de Model ou utilize o traço HasFactory, por isso podemos remover as referências a estas classes e colocá-las em seu lugar:

[14] Uma estratégia php para permitir a herança múltipla, semelhante à implementação de uma interface, dá a um atributo ou método a possibilidade de ser executado no contexto da classe e não no contexto da instância, ou seja, permite efetuar alterações mas a um nível genérico e não específico.

Normalmente os modelos encarregam-se de guardar na base de dados, tudo o que necessitamos para o desenvolvimento da aplicação, como ainda não vamos fazer uso da base de dados para guardar num armazenamento semi persistente vamos utilizar uma sessão (que é um ficheiro que existe no servidor enquanto permanecermos com uma ligação ativa utilizando o sistema.

```php
<?php
namespace App\Models;

class Conocido{
    public $id;
    public $nombre;
    static public function all(){
        return session('datos',[ ]);
    }
    public function save(){
        $datos = session('datos',[]);
        $datos[$this->id]=$this->nombre;
        session(['datos' => $datos]);
        return true;
    }
    static public function  find($id){
        $datos = session('datos',[]);
        if(isset($datos[$id])){
            $nuevo = new Conocido();
            $nuevo->id = $id;
            $nuevo->nombre = $datos[$id];
            return $nuevo;
        }else{
            return null;
        }
    }
    static public function delete($id){
        $datos = session('datos',[]);
        unset($datos[$id]);
        session(['datos' => $datos]);
    }
}
```

Estamos a definir a classe conhecida que irá conter dois atributos, um para o identificador e outro para o nome. Criamos vários métodos, o primeiro é estático (o que significa que este método pertence à própria classe e não à instância, pelo que é possível utilizá-lo sem ter um objeto deste tipo), este método o que faz é pegar na variável chamada data que está no ficheiro de sessão e, se não houver nada, devolverá uma matriz vazia.

Temos a função **save** que é um método de instância, ou seja, que trabalha com os dados que estão na cópia ativa, o que faz é que os dados actuais do conhecido com quem estamos a trabalhar sejam guardados no array da sessão, para isso pegamos primeiro em todos os dados que estão guardados, actualizamos o elemento do array com que estamos a trabalhar atualmente com o valor em memória e assim que o array estiver atualizado guardamo-lo novamente na sessão.

A próxima função que vamos analisar é a **find**, também ela estática e o que faz é receber por parâmetro o identificador do recurso com o qual queremos trabalhar para devolver um valor nulo quando este não é encontrado ou devolver um objeto que contém os dados recuperados da sessão. Por fim, temos uma função estática chamada delete, que recebe o identificador do recurso sobre o qual queremos atuar e o elimina.

A implementação anterior serve apenas para introduzir o conceito de model e para interagir com ele no nosso código vamos utilizar a classe, para o testar vamos utilizar uma ferramenta incluída no laravel, trata-se do Tinker (uma linha de comandos que interpreta código php e tem acesso aos ficheiros do projeto), para a utilizar o comando que vamos utilizar é

php artesão funileiro

```
Psy Shell v0.11.8 (PHP 8.0.5 - cli) by Justin Hileman
>>> Conocido::all()
[!] Aliasing 'Conocido' to 'App\Models\Conocido' for this Tinker session.
=> []

>>> $nuevo = new Conocido()
=> App\Models\Conocido {#4587
     +id: null,
     +nombre: null,
   }

>>> $nuevo->id = 1
=> 1

>>> $nuevo->nombre = "Juan"
=> "Juan"

>>> $nuevo->save()
=> true

>>> Conocido::all()
ç=> [
     1 => "Juan",
   ]

>>> Conocido::find(1)
=> App\Models\Conocido {#4585
     +id: 1,
     +nombre: "Juan",
   }

>>> $encontrado = Conocido::find(1)
=> App\Models\Conocido {#4590
     +id: 1,
     +nombre: "Juan",
   }

>>> $encontrado->nombre = "Pedro"
=> "Pedro"

>>> $encontrado->save()
=> true

>>> Conocido::all()
=> [
     1 => "Pedro",
   ]

>>> exit
Exit:  Goodbye
```

Lembre-se que o Tinker é um interpretador, portanto não precisa terminar as linhas com um ; e que ele mostra o resultado da instrução que executamos com enter.

Outro conceito que vamos ver é o de middleware, vamos conhecer a sua utilização e criação. Em primeiro lugar, vamos vê-lo como um filtro que irá inspecionar cada um dos pedidos que um cliente envia para o servidor, se determinadas condições forem cumpridas no middleware, então o pedido pode continuar com o pedido, mas se não for encontrado, então alguma outra ação pode ser realizada.

Esta funcionalidade pode ser utilizada em várias circunstâncias, por exemplo, quando queremos poder utilizar o sistema numa determinada região ou num determinado horário (dentro dos dados que um pedido possui, podemos verificar outros factores como a existência ou não de alguma circunstância (neste caso vamos verificar a existência de uma variável na sessão), em primeiro lugar para a criar vamos utilizar o comando

```
php artisan make:middleware ReviewSessionVariable
```

Isto cria o ficheiro ReviewSessionVariable.php na subpasta Middleware no diretório Http dentro da pasta da aplicação.

e a sua argumentação é a seguinte:

```
<?php

namespace App\Http\Middleware;

use Closure;
use Illuminate\Http\Request;

class RevisarVariableDeSession
{
    /**
     * Handle an incoming request.
     *
     * @param  \Illuminate\Http\Request  $request
     * @param  \Closure(\Illuminate\Http\Request): (\Illuminate\Http\Response|\Illuminate\Http\RedirectResponse)  $next
     * @return \Illuminate\Http\Response|\Illuminate\Http\RedirectResponse
     */
    public function handle(Request $request, Closure $next)
    {
        return $next($request);
    }
}
```

Se analisarmos é uma classe mas tem um método chamado handle que recebe o pedido e por defeito devolve uma chamada ao método seguinte passando-lhe por parâmetro o pedido que recebemos, agora nele vamos implementar a lógica de que se a variável dados não existir na sessão vamos voltar ao início.

```
função pública handle(Request $request, Closure $next)
{
   $data = session('data', null);
   se(is_null($data)) return redirect('/');
   return $next($request);
}
```

Para que este middleware possa verificar todos os pedidos que são feitos no nosso sistema web (quando navegamos nele) temos de o registar (o leitor deve lembrar-se que no ficheiro Kernel.php que se encontra em Http comentámos o código para que não utilizasse o VerifyCsrfToken), por isso no array routeMiddleware (algumas linhas mais à frente) vamos adicionar a referência à classe que acabámos de criar, e vamos também atribuir-lhe um nome

```php

    /**
     * The application's route middleware.
     *
     * These middleware may be assigned to groups or used individually.
     *
     * @var array<string, class-string|string>
     */
    protected $routeMiddleware = [
        'auth' => \App\Http\Middleware\Authenticate::class,
        'auth.basic' => \Illuminate\Auth\Middleware\AuthenticateWithBasicAuth::class,
        'auth.session' => \Illuminate\Session\Middleware\AuthenticateSession::class,
        'cache.headers' => \Illuminate\Http\Middleware\SetCacheHeaders::class,
        'can' => \Illuminate\Auth\Middleware\Authorize::class,
        'guest' => \App\Http\Middleware\RedirectIfAuthenticated::class,
        'password.confirm' => \Illuminate\Auth\Middleware\RequirePassword::class,
        'signed' => \App\Http\Middleware\ValidateSignature::class,
        'throttle' => \Illuminate\Routing\Middleware\ThrottleRequests::class,
        'verified' => \Illuminate\Auth\Middleware\EnsureEmailIsVerified::class,
        'revisar' => \App\Http\Middleware\RevisarVariableDeSession::class,
    ];
}

```

Agora, quando declaramos um caminho no nosso ficheiro web.php, podemos filtrar o acesso ao mesmo com o middleware, verificando

```
Route::get('known',[ KnownController::class,'index'])->middleware('review');
```

Finalmente, antes de entrarmos em caraterísticas mais específicas da programação com o LARAVEL, vamos conhecer um conceito que é o ORM (Object-relational mapping) é uma técnica em que todos os elementos de uma base de dados correspondem a um objeto. Desta forma, quando programamos (orientado a objectos) podemos interagir com as tabelas do nosso gestor.

O Laravel utiliza o ORM chamado ELOQUENT, como vimos anteriormente quando criamos um modelo com o comando **php artisan make:model** criamos uma classe que herda de Model, assim estamos a criar uma entidade e esta vai representar uma tabela da nossa base de dados e todos os atributos desta classe vão representar os atributos dessa tabela, bem como a chave estrangeira e as chaves (neste momento o ELOQUENT não suporta a utilização de super-chaves).

No exercício anterior, criámos métodos como save(), uma vez que a classe Model também o fornece.

3.- Os ficheiros de configuração

O Laravel é uma framework que privilegia as convenções em detrimento da configuração, ou seja, se dermos aos elementos os nomes estabelecidos ou os incluirmos na posição que foi pré-dita as coisas vão funcionar sem a necessidade de configurar algo, mas nem por isso é impossível configurar o comportamento das partes da framework, no último livro conhecemos o ficheiro .env (lembrem-se que este não é instalado com a framework, tem de ser criado) e nele estão as variáveis de ambiente para que a nossa aplicação funcione como queremos (dentro deste ficheiro vamos encontrar várias linhas da forma VARIAVEL=valor (cada variável numa linha diferente como mostra a Figura 1) são usadas em vários ficheiros de configuração (incluídos na pasta config) nele encontramos por exemplo o ficheiro database.php (no qual está escrito a configuração de como a framework vai interagir com o SGBD), por exemplo nele encontramos

```
'default' => env('DB_CONNECTION', 'mysql'),
```

Só para explicar o código anterior, o operador => encontra-se na sintaxe de atribuição dos arrays em que especificamos o valor que terá um índice, no ficheiro .env pode estabelecer que o tipo de ligação a utilizar é outro (o LARAVEL por defeito aceita que as ligações sejam com o driver sqlite, mysql, pgsql ou sqlsrv, estes são os drivers que a framework incluiu mas pode adicionar outros) então quando a framework lê o ficheiro de configuração database.php, ele obterá um array no qual o índice chamado default tem o valor que você definiu no arquivo .env (todos os arquivos de configuração retornam um array, você pode confirmar isso porque todos eles começam com return [ ).

Uma chamada à função env não é vista apenas no ficheiro de configuração da base de dados, mas também noutros, por exemplo em app.php, broadcasting.php, em cache.php, etc. O que esta função faz é receber dois parâmetros, o primeiro é o nome de uma variável de ambiente, o segundo é opcional e é o valor que será devolvido se o primeiro não for encontrado no ficheiro de configuração .env, se não for especificado, será devolvido NULL.

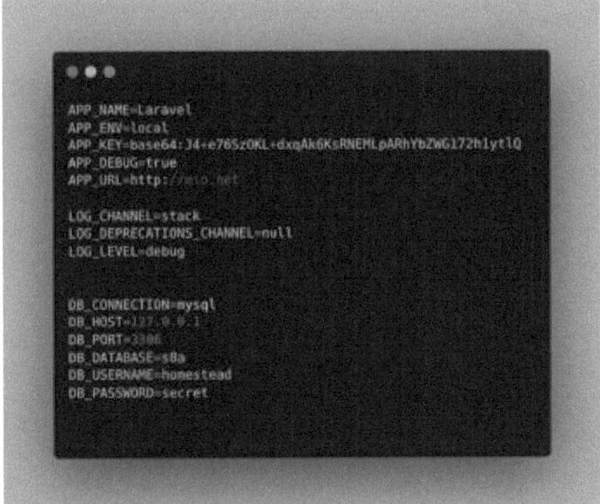

Figura 1 Exemplo de um ficheiro .env

4.- Utilização da base de dados

Como mencionado anteriormente, a estrutura incorpora suporte para bases de dados SQLite, MySQL, pgsql ou sqlsrv. Por defeito, funciona com bases de dados MySQL, pelo que é necessário especificar o servidor, a porta, o nome da base de dados e o utilizador, bem como a palavra-passe. Na figura 1 podemos ver que os valores para uma ligação mysql são 127.0.0.1, 3306, s8a, homestead e secret, mas poderíamos facilmente passar a utilizar um sistema de gestão de bases de dados diferente, por exemplo, um sistema muito simples que utiliza um ficheiro (SQLite) e tudo o que teríamos de escrever seria:

```
DB_CONNECTION=sqlite
```

e deixaríamos de utilizar as outras variáveis (host, porta, nome da base de dados, nome de utilizador, palavra-passe).

Isto fará com que a estrutura procure um ficheiro chamado database.sqlite dentro da pasta da base de dados (como mostrado na figura 2).

Figura 2 Ficheiro para a base de dados

Se quisermos utilizar um ficheiro especial para guardar a nossa base de dados, podemos fazê-lo com a variável DB_DATABASE, não esquecendo que o nome do ficheiro é especificado e que estará na raiz do projeto.

Não é necessário atribuir um anfitrião no caso do SQLite, uma vez que se trata de um sistema de gestão de bases de dados que é mínimo e funciona no próprio anfitrião e não na arquitetura cliente-servidor.

5.- Criação de modelos

[15]Em um post anterior já mencionamos modelos, é hora de olhar para eles em mais profundidade, usando o script artisan podemos criar um usando o comando php artisan make:model Docente, isso cria o arquivo Docente.php (com uma classe chamada Docente), lembre-se que por convenção (não por regra, pois se não seguirmos de qualquer maneira o arquivo será criado, mas teremos que configurar mais coisas) o nome deve estar no singular e escrito em pascalcase .

```
<?php

namespace AppModels;

utilizar a base de dados "Illuminate";
utilizar a base de dados "Illuminate";

classe Professor extends Modelo
{
    utilizar HasFactory;
}
```

[16]É criada uma classe chamada Teacher, que herda da classe Model (esta última é uma implementação do ORM elocuent), pelo que a classe recém-criada tem acesso a métodos (estáticos ou de instância) que lhe permitem interagir com o sistema de gestão de bases de dados definido (MySQL por defeito) e não teremos de nos preocupar com aspectos como a ligação ao servidor de bases de dados, conhecer as instruções para recuperar dados ou como os eliminar; Se dissermos ->save() a uma instância, o seu conteúdo será guardado no armazenamento persistente, por vezes um cliente pode pedir para fazer um programa para utilizar os seus dados, pode fornecer-nos as bases de dados, e será necessário adaptarmo-nos às suas tabelas.
[17]Quando criamos um modelo eloquente, este espera que a tabela com que interage tenha o nome snakecase e seja plural em relação ao nome do modelo. Neste caso, procuraria uma tabela chamada professores, mas suponhamos que a escola nos pede para utilizar o seu catálogo de professores, pelo que temos de adaptar o nosso código à tabela que nos fornecem.

---

[15] Esta é uma convenção de nomenclatura que indica que os identificadores devem ser escritos em minúsculas, exceto a primeira letra de cada palavra, que deve ser em maiúsculas. Por exemplo, se definirmos uma variável para contar o número de carros azuis, podemos chamar-lhe BlueCarts

[16] Trata-se de uma forma de programação em que todos os elementos da base de dados são mapeados para a programação orientada para objectos.

[17] Trata-se de uma convenção de nomenclatura que indica que os identificadores devem ser escritos em minúsculas e que todas as ocorrências de espaços devem ser substituídas por sublinhados. Por exemplo, se definirmos uma variável para contar o número de carros azuis, podemos chamar-lhe carros_azuis

```
mysql> desc profesor;
+--------------+-------------+------+-----+---------+-------+
| Field        | Type        | Null | Key | Default | Extra |
+--------------+-------------+------+-----+---------+-------+
| RFCsimple    | varchar(10) | NO   | PRI | NULL    |       |
| Nombre       | varchar(45) | YES  |     | NULL    |       |
| Apat         | varchar(45) | YES  |     | NULL    |       |
| Amat         | varchar(45) | YES  |     | NULL    |       |
| FechaIngreso | varchar(45) | YES  |     | NULL    |       |
+--------------+-------------+------+-----+---------+-------+
5 rows in set (0.00 sec)
```

Figura 3 Quadro "Professor" fornecido pela escola

A próxima coisa que vamos especificar é que a chave primária não se chama "id", como o eloquent espera que seja a coluna RFCsimple (outra coisa que se espera é que o atributo chave seja do tipo inteiro e seja auto incremental), outro aspeto é que o eloquent procura 2 campos um chamado created_at e outro updated_at que armazenam automaticamente a data e a hora em que o registo foi criado e atualizado respetivamente e no nosso caso se tivermos um campo que satisfaça isto e seja "FechaIngreso", também vamos configurar este campo para o modelo.

```
<?php

namespace AppModels;

utilizar a base de dados "Illuminate";

classe Professor extends Modelo
{
   protected $table="teacher";
   protected $primaryKey = 'RFCsimple';
   public $incrementing = false;
   protected $keyType = 'string';
// public $timestamps = false;
   const CREATED_AT = "FechaIngreso";
   const UPDATED_AT = null;
}
```

Com tudo isto, configurámos o modelo anterior especificando o nome da tabela que vai ser utilizada, como tem um atributo chave que não se chama id também o especificamos, e como não é um inteiro auto incremental especificamos isso e que é do tipo string, como não queremos desativar o registo que o eloquent faz não lhe dizemos para não utilizar esta funcionalidade (com a linha comentada) em vez disso estamos a especificar qual é o campo que vai ocupar o lugar de created_at

Agora vamos utilizar a ferramenta tinker (uma linha de comandos que permite interpretar e executar código PHP) para executar código LARAVEL (interpreta código PHP e, como a estrutura se baseia nesta linguagem, também o interpreta), que iremos explicar:

Dentro da pasta do projeto devemos executar o comando `php artisan tinker`

```
Psy Shell v0.11.12 (PHP 8.2.1 — cli) by Justin Hileman
> App\Models\Docente::find('GUSJ');
= App\Models\Docente {#4683
    RFCsimple: "GUSJ",
    Nombre: "Jose",
    Apat: "Gutiérrez",
    Amat: "Suarez",
    FechaIngreso: "2020-04-15",
  }
```

Figura 4 Recuperar um registo da tabela

Com este modelo, poderemos interagir com a base de dados

```
> $nuevo = new App\Models\Docente();
= App\Models\Docente {#4679}

> $nuevo->RFCsimple="RAPK";
= "RAPK"

> $nuevo->nombre = "Karla";
= "Karla"

> $nuevo->Apat = "Rámirez"
= "Rámirez"

> $nuevo->Amat = "Pérez"
= "Pérez"

> $nuevo->save();
= true
```

Figura 5 Adicionar um novo registo

E na base de dados temos

```
mysql> select * from profesor;
+-----------+--------+------------+--------+--------------+
| RFCsimple | Nombre | Apat       | Amat   | FechaIngreso |
+-----------+--------+------------+--------+--------------+
| GUSJ      | Jose   | Gutiérrez  | Suarez | 2020-04-15   |
| RAPK      | Karla  | Rámirez    | Pérez  | 2023-04-04   |
+-----------+--------+------------+--------+--------------+
2 rows in set (0.00 sec)
```

Mas se tivermos a oportunidade de criar a base de dados, utilizaremos todas as ferramentas que o LARAVEL nos dá para a modelar.

Se utilizarmos o comando php artisan help make:model, obteremos uma mensagem como a mostrada abaixo:

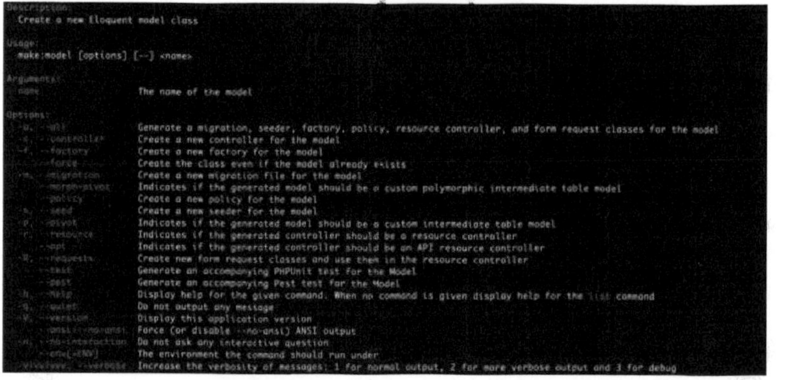

```
Description:
  Create a new Eloquent model class

Usage:
  make:model [options] [--] <name>

Arguments:
  name                  The name of the model

Options:
  -a, --all             Generate a migration, seeder, factory, policy, resource controller, and form request classes for the model
  -c, --controller      Create a new controller for the model
  -f, --factory         Create a new factory for the model
      --force           Create the class even if the model already exists
  -m, --migration       Create a new migration file for the model
      --morph-pivot     Indicates if the generated model should be a custom polymorphic intermediate table model
      --policy          Create a new policy for the model
  -s, --seed            Create a new seeder for the model
  -p, --pivot           Indicates if the generated model should be a custom intermediate table model
  -r, --resource        Indicates if the generated controller should be a resource controller
      --api             Indicates if the generated controller should be an API resource controller
  -R, --requests        Create new form request classes and use them in the resource controller
      --test            Generate an accompanying PHPUnit test for the Model
      --pest            Generate an accompanying Pest test for the Model
  -h, --help            Display help for the given command. When no command is given display help for the list command
  -q, --quiet           Do not output any message
  -V, --version         Display this application version
      --ansi|--no-ansi  Force (or disable --no-ansi) ANSI output
  -n, --no-interaction  Do not ask any interactive question
      --env[=ENV]       The environment the command should run under
  -v|vv|vvv, --verbose  Increase the verbosity of messages: 1 for normal output, 2 for more verbose output and 3 for debug
```

Criar o controlo para um modelo

Na ajuda podemos ver as opções que podemos utilizar com o comando, embora o mais cómodo seja utilizar a opção --all (utilizo as opções na sua forma longa porque na forma curta nem todas têm o seu equivalente) vamos utilizar o comando php artisan make:model --controller Docente vamos receber uma mensagem que nos diz que não só foi criado o ficheiro Docente.php na pasta models, mas também o ficheiro DocenteController.[18]php (lembre-se que o nome de um controlador pode vir de um caso de uso ou de um modelo) na pasta controllers (este controlador está vazio e nele teremos que implementar os métodos usados para interagir (a convenção diz que todos os métodos devem estar em camelcase), [19]mas se vamos realizar as operações CRUD, então podemos usar a opção --resource, que criará o código do controlador com os métodos index, create, store, show, edit, update, destroy, estes métodos requerem implementação, mas a "shell" está criada. Esse controlador faz uso de um recurso que o framework conhece como "Route Model Binding" que é, por exemplo, o método show cuja definição é:

```
public function show(Teacher $teacher)
{
}
```

Será chamada quando o utilizador utilizar o seguinte caminho (declarações e passagem de parâmetros, embora já tenhamos abordado este assunto numa edição anterior, vamos voltar a explicá-lo e desenvolvê-lo)

```
Route::get('teachers/{teacher?}/show',[TeacherController::class, 'show']);
```

A rota declarada acima está a definir que reage a pedidos get, executará o método show da classe DocenteController quando o pedido encontrar o URI que indica o número de chave do professor. Graças ao "Route Model Binding" o que o framework faz é que o parâmetro (número do professor) será o id do modelo e então ele executa

[18] Trata-se de uma convenção de nomeação que indica que os identificadores devem ser escritos em minúsculas, exceto a primeira letra de cada palavra que não seja a primeira letra; por exemplo, se definir um método para medir a temperatura, pode chamar-lhe medirTemperatura.

[19] Acções que são executadas no armazenamento persistente (normalmente diríamos na base de dados), um acrónimo de Criar, Ler, Atualizar e Eliminar.

Teacher::find(teacher), se o id não existir na tabela ele retorna um erro do tipo 404 já que ele é usado para um FindOrFail,

Para clarificar o exemplo, poderíamos definir a seguinte rota:

```
Route::get('present/{which?}',[TeacherController::class, 'show']);
```

Neste caminho definimos que o parâmetro é a variável que e que será executado o método show, na sua implementação teremos que executar a linha que procura o registo.

```
função pública show($which){
    $professor = Teacher::findOrFail($que);
    //código de aplicação
}
```

Para que a "Route Model Binding" funcione, temos de chamar o parâmetro como a entidade e em minúsculas.

Criar uma migração para um modelo

[20]A próxima opção que iremos abordar é o -migration, as migrations são uma símile ao DDL do SQL pois nestas podemos descrever as tabelas, a convenção estabelece que as tabelas e campos das bases de dados serão nomeadas utilizando snakecase, se utilizarmos o comando php artisan make:model -migration Docente além de criar o modelo irá originar um ficheiro dentro da sub pasta migrations da pasta base de dados, este estará num ficheiro cujo nome estará na forma <data><ação>.php, o nome do arquivo indica o momento em que a migração está sendo criada e a ação que ela executa, neste exemplo temos um arquivo chamado 2023_04_02_011600_create_docentes_table.php, desta vez vemos que não respeita que o nome do arquivo é o nome da classe, pois gera uma classe anônima que contém dois métodos, **up** para o momento em que as migrações são executadas e **down** para desfazer as alterações que fazem.

Geralmente são utilizadas para criar tabelas, daí o nome, utilizamos a classe Scheme que representa o esquema da base de dados, temos a chamada à função create cuja ação é idêntica à de uma SQL CREATE TABLE, mas que indica o nome da tabela a criar e os campos que irá conter, por defeito, quando uma migração é criada, existem duas funções, uma é id que indica que é criado um campo chamado id, que é um número inteiro sem sinal e incremental (por convenção, o nome do atributo chave de uma tabela eloquente procurá-lo-á como id e, no caso das chaves estrangeiras, o nome será formado com o nome da entidade a que se referem seguido da palavra id) (tenha em conta vários aspectos, Em primeiro lugar, utilizamos o nome da entidade e não o nome da tabela, outro é que, por convenção, todos os nomes de atributos estão em snake case) e temos também a chamada à função timestamps que indica que os campos created_at e updated_at devem ser criados, ambos com timestamp timestapm e que, por defeito, armazenarão a hora em que um registo é criado ou atualizado.

```
função pública up()
{
    Schema::create('teachers', function (Blueprint $table) {
        $table->id();
        $table->string("name");
        $table->string("father_surname");
        $table->date("contract_date");
    });
}
```

[20] A linguagem de consulta estruturada tem 5 tipos de comandos (DDL, DML, DCL, TCL, DQL), o primeiro (Data Definition Language) agrupa os que permitem definir a estrutura das tabelas, as caraterísticas das tabelas e dos campos (CREATE, ALTER, DROP, TRUNCATE, RENAME).

Podemos fazer modificações em tabelas já criadas, por exemplo na tabela professores vamos criar uma migração para adicionar um campo para o sobrenome paterno, então usaremos o comando php artisan make:migration add field for paternal surname to teacher --table=teachers, da mesma forma um arquivo é criado e contém dois métodos, no **up** colocaremos:

```
função pública up()
{
   Schema::table('teachers', function (Blueprint $table) {
      $table->string("mother_name")->after("father_name");
   });
}
```

O método afeter atribui que o novo campo deve estar depois do campo father_surname, caso contrário será criado depois de hire_date.

Agregação de dados para um modelo

Outra opção é o --seed (não vamos utilizar o --factory) apesar de ambos permitirem criar registos na base de dados a diferença entre seeders e factories é que os segundos adicionam registos com valores aleatórios enquanto que nos primeiros os valores são pré-definidos pelo programador. Se utilizarmos o comando php artisan make:model -seed Docente iremos também criar o ficheiro DocenteSeeder.php na sub-pasta seeders da pasta datbase, dentro da classe criada iremos encontrar um método run, que será o executado quando executarmos os seeders, aqui iremos escrever o código com o qual adicionamos novos professores.

```
função pública run()
{
   $professor = novo Professor();
   professor->nome = "João";
   professor->sobrenome_paterno = "Lopez";
   professor->sobrenome_materno = "Rodriguez";
   $teacher->save();
   $professor = novo Professor();
   professor->nome = "Ana";
   professor->sobrenome_paterno = "Perez";
   professor->sobrenome_materno = "Ruíz";
   $teacher->save();
   $professor = novo Professor();
   professor->nome = "Ricardo";
   professor->sobrenome_paterno = "Lopez";
   professor->sobrenome_materno = "Hernández";
   $teacher->save();
   $professor = novo Professor();
   professor->nome = "Laura";
   professor->sobrenome_paterno = "Perez";
   professor->sobrenome_materno = "Sarmiento";
   $teacher->save();
}
```

Mas na classe DatabaseSeeder dentro do método run devemos chamar a classe DocenteSeeder, fazemos isso com o seguinte código:

```
função pública run()
{
   $this->call(TeacherSeeder::class);
   // \AppModelsUser::factory(10)->create();

   // \AppAppModelsUser::factory()->create([
   // 'name' => 'Test User',
   // 'email' => 'test@example.com',
   // ]);
}
```

Para já vamos ver apenas estas opções do comando make:model, vamos criar a base de dados com as tabelas professores e disciplinas, agora vamos ver as relações que se podem ter entre modelos.

4.- Relações entre modelos

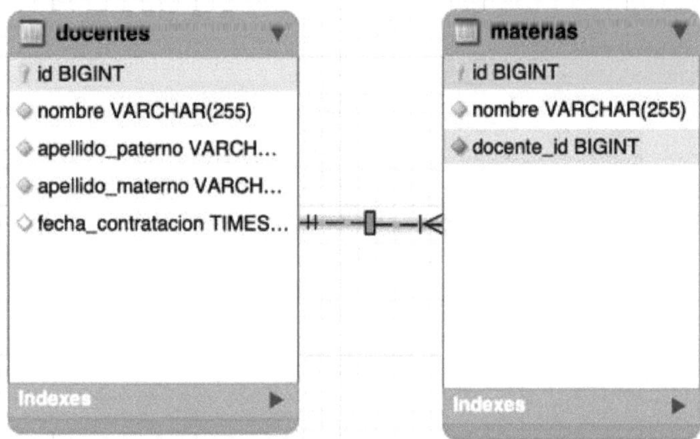

Já discutimos como criar as migrações e configurar o modelo do Docente, agora vamos criar a entidade Disciplina, como a convenção exige o campo chave para cada tabela chama-se id, é auto incremental e um inteiro (large integer) sem sinal, a tabela de disciplinas terá um campo que será chave estrangeira por isso o seu nome é docente_id já que se refere ao campo id da entidade docente e é nomeado em snakecase), os campos, a migração para esta entidade será:

```
Schema::create('subjects', function (Blueprint $table) {
    $table->id();
    $table->string("name");
    $table->unsignedBigInteger("docente_id");
    $table->foreign("docente_id", "fk_docente")
          ->on("professores")
          ->referências("id");
});
```

Na criação, estamos a adicionar um número inteiro sem sinal grande (uma vez que deve ser do mesmo tipo que o campo a que se refere e os campos-chave gerados pela função id() são deste tipo), outro método que poderíamos considerar novo é o método estrangeiro que nos permite estabelecer uma chave estrangeira à qual devemos indicar a tabela a que se refere e o campo com o qual será correspondido.

O nome fk_teacher é o nome que será atribuído ao índice que é criado para uma chave estrangeira.

Criámos o seeder e configurámos o modelo para não utilizar o timestapms, os registos que temos na tabela são os seguintes

```
mysql> select * from materias;
+----+----------------------------+------------+
| id | nombre                     | docente_id |
+----+----------------------------+------------+
|  1 | Redes                      |          1 |
|  2 | Programacion               |          2 |
|  3 | Fundamentos de Base de datos |        3 |
+----+----------------------------+------------+
3 rows in set (0.00 sec)
```

Chegou o momento de configurar as relações nos modelos, o que faremos criando métodos (que, por convenção, terão o nome que esperamos obter) e neles devolveremos os objectos relacionados.

Relações individuais

Agora é altura de configurar as relações entre modelos, a mais simples e a primeira que veremos é a relação um-para-um, que neste caso se diz que o modelo de ensino tem um sujeito, a relação é hasOne, se seguirmos as convenções a configuração das relações será quase nula, sem ser necessário especificar nomes ou chaves de tabelas ou modelos, ou outros dados de forma extra.

No modelo do Professor, vamos criar o método

```
função pública matter(){
   return $this->hasOne("AppModelsMatter");
}
```

Se nos nossos modelos envolvidos não tivéssemos respeitado as convenções, seria necessário especificar as chaves estrangeiras e locais, lembrem-se que o método de assunto é criado no modelo Professor) é professor_id e que se refere ao campo id do modelo Assunto.

```
função pública matter(){
   return $this->hasOne("AppModelsSubject",'teacher_id','id');
}
```

```
Psy Shell v0.11.12 (PHP 8.2.1 — cli) by Justin Hileman
> Docente::find(1)->materia
[!] Aliasing 'Docente' to 'App\Models\Docente' for this Tinker session.
= App\Models\Materia {#4687
    id: 1,
    nombre: "Redes",
    docente_id: 1,
  }
```

Figura 6 Verificação do método dos materiais

Em profundidade a relação hasOne

```
Psy Shell v0.11.12 (PHP 8.2.1 — cli) by Justin Hileman
> Docente::find(1)->materia
[!] Aliasing 'Docente' to 'App\Models\Docente' for this Tinker session.
= App\Models\Materia {#4687
    id: 1,
    nombre: "Redes",
    docente_id: 1,
  }

> Docente::find(1)->materia()
= Illuminate\Database\Eloquent\Relations\HasOne {#4690}

> Docente::find(1)->materia()->first()
= App\Models\Materia {#4695
    id: 1,
    nombre: "Redes",
    docente_id: 1,
  }
```

Figura 7 Na realidade, existe a matéria do método e não o atributo (a propriedade)

Explicando em detalhe, todos estes métodos retornam um objeto do tipo relação, mas o php tem alguns métodos conhecidos como métodos mágicos, quando tentamos aceder à propriedade matéria que na realidade não existe, o que declaramos é a função matéria, esta é executada e retorna um objeto do tipo relação, que quando executado podemos obter o resultado.

Se fizermos o procedimento acima no professor 4 (que não está associado a nenhuma disciplina), o resultado será nulo, mas uma caraterística da classe hasOne é que podemos definir um valor por defeito para o resultado quando este é nulo, pelo que temos de modificar o código do método:

```
função pública matter(){
    return $this->hasOne("AppModelsMatter")
    ->withDefault(
        [
            "name" => "Não importa",
            "id" => 0,
        ]
    );
}
```

Para testar esta nova modificação vamos utilizar a ferramenta tinker (trata-se de um interpretador que precisa de ser recarregado para receber modificações, se estiver a testar e estiver a utilizar a ferramenta deve sair dela com o comando exit e voltar a carregá-la).

```
Psy Shell v0.11.12 (PHP 8.2.1 — cli) by Justin Hileman
> Docente::find(4)->materia
[!] Aliasing 'Docente' to 'App\Models\Docente' for this Tinker session.
= App\Models\Materia {#4669
    docente_id: 4,
    nombre: "Sin materia",
    id: 0,
  }
```

Figura 8 Verificação comDefault

Inverso da relação

O inverso da relação hasOne é belongsTo, pelo que vamos modificar o modelo Subject para incluir um método de ensino (se antes se mostrava que um professor tem uma disciplina, agora o inverso diz-nos que uma disciplina pertence a um professor):

```
public function professor(){
   return $this->belongsTo('AppModelsEducator');
}
```

Se as convenções não forem respeitadas, devemos especificar os nomes dos atributos-chave, mas também a convenção indica que o nome do método deve ser o nome da entidade que se espera obter.

```
função pública master(){
   return $this->belongsTo('AppModelsTeacher','teacher_id', 'id') ;
}
```

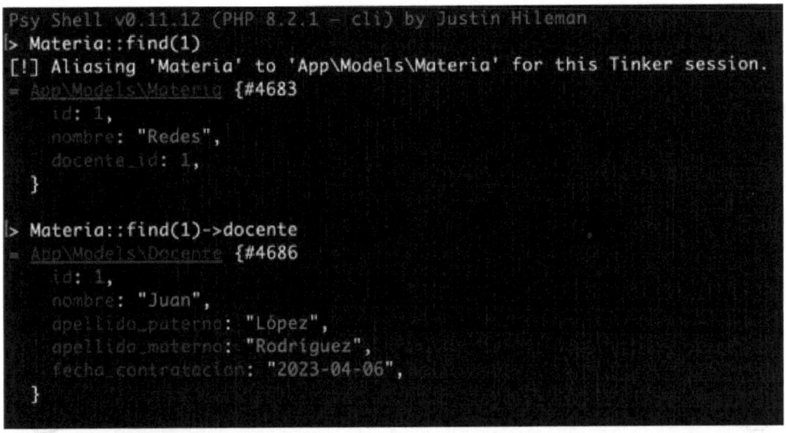

```
Psy Shell v0.11.12 (PHP 8.2.1 — cli) by Justin Hileman
> Materia::find(1)
[!] Aliasing 'Materia' to 'App\Models\Materia' for this Tinker session.
= App\Models\Materia {#4683
    id: 1,
    nombre: "Redes",
    docente_id: 1,
  }

> Materia::find(1)->docente
= App\Models\Docente {#4686
    id: 1,
    nombre: "Juan",
    apellido_paterno: "López",
    apellido_materno: "Rodríguez",
    fecha_contratacion: "2023-04-06",
  }
```

Figura 9 Verificação do inverso

Relação aprofundada de belongsTo

Recorde-se que a chamada do método devolve um objeto do tipo relação que é executado, mas existe também o método toSql que nos permite conhecer a consulta a executar.

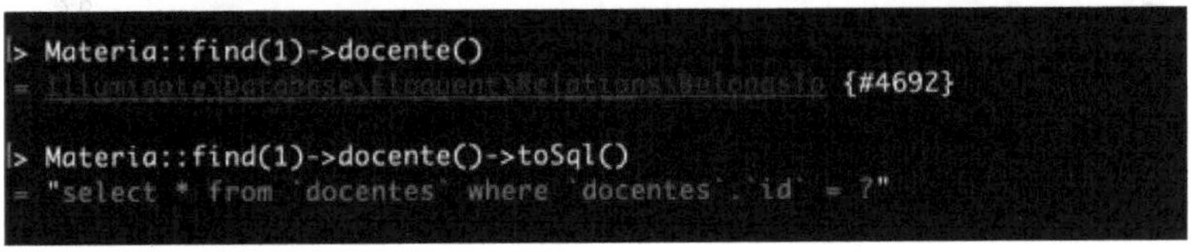

```
> Materia::find(1)->docente()
= Illuminate\Database\Eloquent\Relations\BelongsTo {#4692}

> Materia::find(1)->docente()->toSql()
= "select * from `docentes` where `docentes`.`id` = ?"
```

Esse ponto de interrogação tem a ver com "parâmetros de ligação" em consultas SQL em php, se quiser investigar isso.

Relações um-para-muitos

Podemos facilmente implementar uma relação um-para-muitos, utilizaremos a mesma estrutura, mas teremos dados diferentes:

```
mysql> select * from materias;
+----+------------------------------------+------------+
| id | nombre                             | docente_id |
|----|------------------------------------+------------+
|  1 | Redes                              |          1 |
|  2 | Conmutación                        |          1 |
|  3 | Programación                       |          2 |
|  4 | Programación Web                   |          2 |
|  5 | Fundamentos de Bases de datos      |          3 |
|  6 | Taller Bases de datos              |          3 |
|  7 | Administracion de Bases de datos   |          3 |
|  8 | Optativa                           |       NULL |
+----+------------------------------------+------------+
8 rows in set (0.00 sec)
```

Se o professor não tiver disciplinas atribuídas, a resposta será uma coleção vazia (os métodos devem ter um nome que indique semanticamente o que esperamos obter).

```
função pública assuntos(){
  return $this->hasMany("AppModelsMatter");
}
```

```
Psy Shell v0.11.12 (PHP 8.2.1 — cli) by Justin Hileman
> Docente::find(2)->materias
[!] Aliasing 'Docente' to 'App\Models\Docente' for this Tinker session.
= Illuminate\Database\Eloquent\Collection {#4686
    all: [
      App\Models\Materia {#4689
        id: 3,
        nombre: "Programacion",
        docente_id: 2,
      },
      App\Models\Materia {#4690
        id: 4,
        nombre: "Programación Web",
        docente_id: 2,
      },
    ],
  }
```

Podemos ainda utilizar a relação pertenceAo (que utilizamos no método de ensino) que é também a inversa, uma vez que se foi expresso que um professor tem várias disciplinas, entenderemos que, inversamente, uma disciplina pertence a um professor.

Relações de muitos para muitos

Quando temos um relacionamento muitos-para-muitos este é quebrado em dois relacionamentos um-para-muitos, a solução é criar uma tabela intermediária esta tabela é conhecida como tabela dinâmica com a qual podemos saber as disciplinas em que um aluno está matriculado e vice-versa os alunos que estão matriculados em uma determinada disciplina. e lembrando que por convenção as tabelas do banco de dados são nomeadas em sernáculo, outra convenção neste caso seria que as tabelas dinâmicas levassem o nome das entidades envolvidas em ordem alfabética crescente.

Vamos acrescentar mais uma entidade ao nosso exemplo, a entidade Aluno, e na inscrição existe uma relação de muitos para muitos (muitos alunos inscrevem-se em muitas disciplinas), para isso criamos a entidade Aluno e vamos criar vários registos.

Figura 10 Esquema de uma relação muitos-para-muitos

Opcionalmente vamos criar o modelo Inscripcion mas vamos utilizar a opção --pivot, com esta vamos criar um modelo mas este não herda da classe Model mas utiliza a classe Pivot (esta segunda herda da primeira mas implementa mais alguns métodos).

Como se trata de um pivot, não segue a convenção de que o nome da tabela é o nome do modelo no plural e em minúsculas, mas permite substituí-lo utilizando a variável protected com o nome da tabela. Assim, vamos criar a tabela student_materia e vamos também criar a migração (será necessário efetuar algumas alterações, porque se utilizarmos o comando php artisan make:model -pivot --migration Inscripcion, a tabela que é criada na migração chama-se inscripcion:

```
Schema::create('student_subject', function (Blueprint $table) {
    $table->id();
    $table->unsignedBigInteger("student_id");
    $table->unsignedBigInteger("materia_id");
    $table->float("average")->nullable()->default(null);
    $table->foreign("student_id", "fk_student")
    ->on("estudantes")
    ->referências("id");
    $table->foreign("materia_id", "fk_materia")
    ->on("assuntos")
    ->referências("id");
    $table->timestamps();
});
```

Os pivots nem sempre têm dados para além das chaves estrangeiras.

Hugo e Luis estarão inscritos em Redes, Paco e Juan estarão inscritos em Fundamentos de Base de Dados e todos os alunos estarão inscritos em Programação (mas ao último será atribuída uma média de 80, isto para uso futuro).

Se revermos o modelo, veremos que a relação muitos-para-muitos foi dividida em duas relações um-para-muitos e que podemos modificar os modelos. No modelo Student, criamos o método subjects:

```
função pública assuntos(){
    return $this->belongsToMany(Materia::class);
}
```

e no modelo Materia criámos o método Materia:

```
função pública students(){
   return $this->belongsToMany(Student::class);
}
```

Se observarmos que não é necessário escrever o nome da tabela uma vez que por convenção a que procuramos existe chama-se aluno_sujeito mas se não a tivermos respeitado como segundo parâmetro devemos indicá-lo, um método que existe é o withPivot que permite especificar se queremos algum campo em especial no pivot, uma vez que sem ele o que é devolvido é uma lista de objectos e dentro de cada um deles existe um atributo que se chama pivot que contém as chaves estrangeiras, razão pela qual para uma utilização futura a primeira relação seria assim:

```
função pública assuntos(){
   return $this->belongsToMany(Subject::class)->withPivot('average');
}
```

Relações do tipo através de

Temos os métodos hasOneThrough e hasManyThrough, ambos os quais permitem obter o(s) registo(s) relacionado(s) através de uma tabela (mas recebem um modelo intermédio).

Para este exemplo, foi introduzida uma nova entidade, a dos conteúdos temáticos, esta entidade tem uma relação com as disciplinas (neste caso, é de um para um), mas como a entidade de ensino está relacionada com a disciplina, temos de forma transitiva que o professor está relacionado com o conteúdo, pelo que podemos saber quais os conteúdos que um determinado professor terá de abordar.

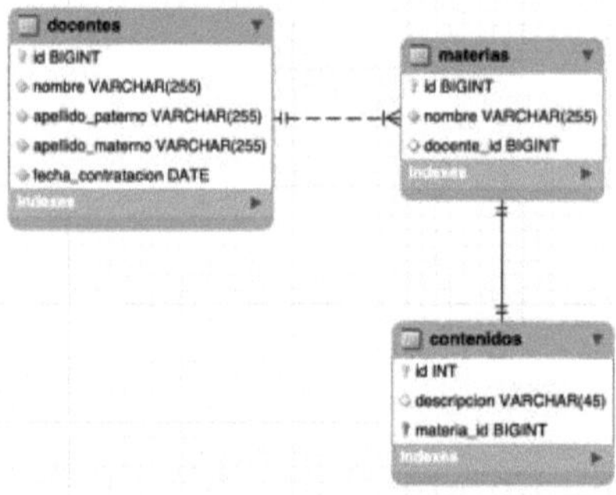

Para implementar isto, temos de criar um método chamado contents (mencionámos que é por convenção, não por regra, que devemos nomear os métodos que implementam relações de uma determinada forma) que devolve um objeto hasOneThrough que, dependendo do contexto, pode ser um hasManyThrough, uma vez que a sua configuração é semelhante.

```
função pública contents(){
   return $this->hasOneThrough(
        Conteúdo::classe,
        Assunto::classe
     );
}
```

Vamos utilizar novamente o comando php artisan tinker para verificar o funcionamento estabelecido acima:

```
Psy Shell v0.11.12 (PHP 8.2.1 — cli) by Justin Hileman
> Docente::find(1)->contenidos
[!] Aliasing 'Docente' to 'App\Models\Docente' for this Tinker session.
= App\Models\Contenido {#4686
    id: 1,
    descripcion: """
      1.- Introducción a redes de datos. \n
              2.- Normas y estándares de redes de datos.\n
              3.- Dispositivos de red.
      """,
    materia_id: 1,
    created_at: "2023-04-10 01:03:01",
    updated_at: "2023-04-10 01:03:01",
    laravel_through_key: 1,
  }
```

Figura 11 Testando o método hasOneThrough

Existem também relações polimórficas, que não serão abordadas neste documento.

Emular certos tipos de relações através da modificação de parâmetros

Podemos ter uma conceção de base de dados antiga (ou seja, não fomos nós que a fizemos) e, por isso, temos de configurar principalmente os nossos modelos. Ao configurarmos os nossos métodos de relação, é possível obter determinados resultados mesmo que utilizemos outras funções, o que significa que podemos obter o resultado de um tipo de relação utilizando uma função de outro tipo, bastando para isso adicionar os parâmetros adequados.

Por exemplo:

```
função pública matter(){
   return $this->hasOne("AppModelsMatter");
}
```

Configuração:

```
função pública matter(){
   return $this->belongsTo("AppModelsMatter", "id", "matter_id");
}
```

Ou podemos considerar que um determinado número de alunos tem uma determinada disciplina através da inscrição (na verdade, este era o caso da relação muitos-para-muitos), mas podemos resolver este problema no modelo de disciplina da seguinte forma:

```
função pública students(){
   return $this->hasManyThrough(
      Estudante::classe,
      Registo::classe,
      'materia_id',
      id",
      id",
      'student_id',
   );
```

```
}
```

6.- Consultar a base de dados

Utilizar modelos e o querybuilder

Em algumas ocasiões é necessário fazer consultas diretamente ao banco de dados, na verdade as relações são determinadas consultas, assim como determinados métodos também são consultas, por exemplo quando fazemos Model::all() o que estamos fazendo é um "SELECT * FROM models", existe um método que todo modelo possui que se chama query(), este retorna um objeto do tipo Builder, este possui um método que se chama toSql() que retorna a consulta em SQL que foi construída, à consulta pode-se adicionar cláusulas where e outras modificações para obter a sentença que se deseja. Lembre-se que ao executar a função toSql() podemos obter o resultado.

Verifiquemos o que precede:

```
Psy Shell v0.11.12 (PHP 8.2.1 — cli) by Justin Hileman
> $consulta = Docente::query();
[!] Aliasing 'Docente' to 'App\Models\Docente' for this Tinker session.
= Illuminate\Database\Eloquent\Builder {#4677}

> $consulta->where('apellido_paterno','López');
= Illuminate\Database\Eloquent\Builder {#4677}

> $consulta->toSql();
= "select * from `docentes` where `apellido_paterno` = ?"

> $consulta->get();
= Illuminate\Database\Eloquent\Collection {#4681
    all: [
      App\Models\Docente {#4667
        id: 1,
        nombre: "Juan",
        apellido_paterno: "López",
        apellido_materno: "Rodríguez",
        fecha_contratacion: "2023-04-10",
      },
      App\Models\Docente {#4685
        id: 3,
        nombre: "Ricardo",
        apellido_paterno: "López",
        apellido_materno: "Hernández",
        fecha_contratacion: "2023-04-10",
      },
    ],
  }
```

Figura 12 Consulta com where

Utilizar a base de dados

O LARAVEL fornece uma abstração do banco de dados e com ele podemos fazer uso do SGBD diretamente, para isso devemos construir nossas próprias consultas, o tópico que veremos é o QueryBuilder (IlluminateDatabaseQueryBuilder) Esta classe também possui métodos toSql e get e nos permite realizar consultas mais elaboradas (aquelas em que queremos filtrar, agrupar e outras coisas que queremos diretamente com o SQL), Outra caraterística é que podemos realizar transacções na base de dados, lembrem-se que uma transação de base de dados é um conjunto de consultas que são executadas como se fossem uma só para respeitar os princípios ACID (Acrónimo do inglês que leva as iniciais de cada uma das caraterísticas de uma transação: Atomicidade, lembre-se que uma transação são várias consultas, são executadas todas ou nenhuma, ou seja se uma falhar, falham todas, Consistência significa que depois de ser executada a base de dados continuará sinedo consistente, Isolate significa que uma transação é executada isoladamente das outras e as suas modificações não são visíveis até que seja confirmada e Durability significa que uma transação dura uma vez resolvida positivamente), este não é um curso de BASE DE DADOS, pelo que não iremos aprofundar os conceitos desta matéria nem da linguagem SQL, pelo que iremos explicar como se pode utilizar uma query com o QUERY BUILDER.

Podemos fazer uso disto graças à classe DB (use Illuminate\Support\Facades\DB;), para executar uma consulta, por exemplo

A seguinte consulta

```
SELECT disciplinas.nome, alunos.nome FROM alunos INNER JOIN disciplina_aluno ON alunos.id =
disciplina_aluno.id_aluno INNER JOIN disciplinas ON disciplina_aluno.id_aluno = disciplina.id
```

Podemos utilizá-lo da seguinte forma

```
//código anterior
$query = DB::table('students')
        ->join('aluno_sujeito','alunos.id','=','aluno_sujeito.aluno_id')
        ->join('subjects', 'student_subject.subject_id', '=', 'subjects.id')
        ->select('disciplinas.nome','alunos.nome');
//próximo código
```

A vantagem da abstração da BD é que o resultado é independente do gestor da base de dados que utilizamos, por exemplo, se utilizarmos o Sql Server a linguagem seria o TransactSQL e se utilizarmos outros sistemas, por exemplo, o PostgreSQL, existem diferenças, mesmo que sejam mínimas em cada implementação, por exemplo, para limitar o número de linhas devolvidas numa consulta no Mysql utilizamos a cláusula LIMIT, mas no Sql Server utilizamos a cláusula TOP.

Pessoalmente, após 5 anos de utilização da estrutura, são cada vez menos as ocasiões em que considero necessário utilizar o QueryBuilder, como as transacções.

Transacções

Por exemplo, para apagar um aluno basta executar $student->delete(), mas isto não deve ser feito a não ser que o aluno não esteja inscrito em nenhuma disciplina, para isso utilizaríamos transacções, primeiro iniciávamos uma transação, depois apagávamos as inscrições que o aluno pudesse ter, e terminávamos a transação, mas se houvesse algum erro (ou alguma razão pela qual as operações não pudessem ser realizadas) então as alterações eram canceladas. Por exemplo, uma matrícula não pode ser eliminada se tiver uma nota (utilizaremos um método chamado matrículas que devolve uma relação hasMany, uma vez que um aluno tem várias matrículas).

Uma primeira tentativa para o modelo de controlador do Aluno seria:

```
função pública destroy(Student $student)
{
   foreach( $student->enrolments as $enrolment ){ {
      Se (is_null($inscription->average)) $inscription->delete();
   }
   $student->delete();
   return redirect(route('students.index'));
}
```

E poderíamos confirmar que funciona para o aluno Luis, mas com Juan falhará (lembre-se que a Juan atribuímos uma média de 80 na inscrição em Programação), é aqui que poderíamos usar mais uma caraterística da linguagem PHP, que é o tratamento de excepções juntamente com as transacções, uma vez que com o código como é mostrado o resultado será que o aluno Juan só está inscrito na disciplina de Programação. O método de eliminação tem agora o seguinte aspeto:

```
função pública destroy(Student $student)
{
   DB::beginTransaction();
   tentar {
     foreach( $student->enrolments as $enrolment ){ {
        Se (is_null($inscription->average)) $inscription->delete();
     }
     $student->delete();
     DB::commit();
   } catch (\Throwable $th) {
     DB::rollBack();
   }
   return redirect(route('students.index'));
}
```

Subconsultas

Em raras ocasiões será necessário fazer uma consulta complexa (como a que se viu pode ser feita utilizando a base de dados, mas pessoalmente recomendo fazer uso dos modelos já que estes proporcionam uma maior abstração da base de dados e obtém-se uma melhor semântica, mas será necessário utilizar por exemplo as subconsultas, vamos fazer uso de um código que o demonstra:

```
função pública estática activos(){
   return Teacher::whereIn('id',function ($query)
            {
               $query->select('docente_id')
               ->from('professor_sujeito');
            })->get();
}
```

No bloco anterior, foi definida uma função estática no modelo Professor que devolve apenas os professores a quem foi atribuída uma disciplina; estamos a fazer uma subconsulta, uma vez que o resultado é a execução da consulta:

```
SELECT * FROM `professores` WHERE `id` IN (SELECT `id_professor` FROM `assunto_do_professor`)
```

7.- Outras práticas de programação

Para conseguirmos uma aplicação bem sucedida, temos de utilizar várias tecnologias, linguagens, etc. Por exemplo, se criarmos um site, este terá um melhor aspeto graças aos estilos css que podemos aplicar, da mesma forma que aumentará a interatividade graças ao java script, e poderá comunicar com outros serviços através do Apis Rest.

Criar uma API (Application Program Inteface).

O LARAVEL por ser uma framework full stack permite-nos implementar apis, à semelhança de como criamos as rotas para a aplicação web (no ficheiro web.php) temos um ficheiro api.php, a diferença é que estas rotas apenas recebem e devolvem dados, nunca implementamos uma para mostrar uma determinada interface (as views) e da mesma forma que temos resource type controllers teremos api type controllers que têm por defeito os métodos para o CRUD (index, store, update, show, update e destroy). Vamos criar o controller para a Api, não é uma regra ou convenção, mas neste exemplo vamos chamá-lo com o prefixo Api, semelhante aos resource type controllers usando o comando `php artisan make:controller -model=Docente --api ApiDocenteController` obtemos a "casca" de um controller para gerenciar o model, lembre-se que apenas recebemos dados (normalmente através do request) e retornamos dados (em formato json), o caminho será criado no arquivo api.php.

```
Route::apiResource('professores', ApiDocenteController::class);
```

Agora vamos implementar a api, lembre-se que em vez de devolvermos os dados à vista, devolvemo-los em formato json, para mostrar isto vamos comparar os nossos drivers Docent

```
função pública index()
{
    $todos = Docente::all();
    return view("teachers.index",compact('all'));
}
```

Contra o nosso driver de API

```
função pública index()
{
    return Teacher::all()->toJson();
}
```

Para utilizar estes dados, podemos implementar uma aplicação em qualquer linguagem que suporte chamadas de API, que pode ser uma aplicação móvel, um programa de computador em Java ou uma aplicação Web em qualquer outra estrutura, mesmo uma estrutura de topo de gama como o Vue.js (mais tarde daremos um exemplo com esta).

O código seguinte apresenta os registos em formato json (que significa Java Script Objetc Notation e é a norma para a partilha de dados entre serviços Web, uma vez que está em texto simples e é fácil de compreender).


```
[
  {
    "id: 1,
    "nome": "José",
    "altura": 1,8,
    "created_at": "2023-04-17T06:18:15.000000Z",
    "updated_at": "2023-04-17T06:18:15.000000Z",
    "nome_do_utilizador": "jdocente",
    "chave": "$2y$10$92IXUNpkjO0rOQ5byMi.Ye4oKoEa3Ro9llC/.og/at2.uheWG/igi",
    "imagem": "jose.jpg".
  },
  {
    "id: 2,
```

```
        "nome": "Ana",
        "altura": 1,6,
        "created_at": "2023-04-17T06:18:15.000000Z",
        "updated_at": "2023-04-17T06:18:15.000000Z",
        "nome_do_utilizador": "adocente",
        "chave": "$2y$10$92lXUNpkjO0rOQ5byMi.Ye4oKoEa3Ro9llC/.og/at2.uheWG/igi",
        "imagem": "ana.jpg".
    },
    {
        "id: 3,
        "nome": "Ricardo",
        "altura": 1,7,
        "created_at": "2023-04-17T06:18:15.000000Z",
        "updated_at": "2023-04-17T06:18:15.000000Z",
        "nome_do_utilizador": "rdocente",
        "chave": "$2y$10$92lXUNpkjO0rOQ5byMi.Ye4oKoEa3Ro9llC/.og/at2.uheWG/igi",
        "imagem": "ricardo.jpg".
    },
    {
        "id: 4,
        "nome": "Laura",
        "altura": 1,7,
        "created_at": "2023-04-17T06:18:15.000000Z",
        "updated_at": "2023-04-17T06:18:15.000000Z",
        "nome_do_utilizador": "ldocente",
        "chave": "$2y$10$92lXUNpkjO0rOQ5byMi.Ye4oKoEa3Ro9llC/.og/at2.uheWG/igi",
        "imagem": "laura.jpg".
    }
]
```

Recordando as relações, podemos ver que cada uma delas está interligada com as disciplinas que lecciona e temos um método chamado disciplinas e queremos que essa informação seja enviada no json, pelo que vamos modificar o nosso índice

```
função pública index()
{
   return Teacher::with('subjects')->get()->toJson();
}
```

As alterações que podemos observar em primeiro lugar é que chamamos o método com a indicação da relação que queremos carregar, como isto nos devolve um objeto do tipo Builder será necessário executá-lo por essa razão a chamada à função get finalmente como antes devolvemos isto em formato json.

```
[
  {
     "id: 1,
     "nome": "José",
     "altura": 1,8,
     "created_at": "2023-04-17T06:18:15.000000Z",
     "updated_at": "2023-04-17T06:18:15.000000Z",
     "nome_do_utilizador": "jdocente",
     "chave": "$2y$10$92lXUNpkjO0rOQ5byMi.Ye4oKoEa3Ro9llC/.og/at2.uheWG/igi",
     "imagem": "jose.jpg",
     "objeto: [
        {
           "id: 1,
           "nome": "Redes",
           "docente_id": 1,
           "created_at": "2023-04-17T06:18:15.000000Z",
           "updated_at": "2023-04-17T06:18:15.000000Z"
        },
        {
           "id: 2,
           "nome": "Comutação",
           "docente_id": 1,
```

```
            "created_at": "2023-04-17T06:18:15.000000Z",
            "updated_at": "2023-04-17T06:18:15.000000Z"
        }
    ]
  },
...
]
```

Validação de dados.

Para esta funcionalidade é necessário utilizar o cabeçalho Accept: application/json para indicar ao servidor que vai processar o pedido que o que é devolvido é um json, caso contrário o que vai acontecer é que se a validação falhar vai voltar à página anterior e a sessão vai ter todos os erros encontrados.

A funcionalidade de que estamos a falar são os "FormRequests" que são validadores e com o `php artisan make:request StoreDocenteRequest` (a convenção dita que o nome do ficheiro deve ser <action><Form>Request) o arquivo StoreDocenteRequest é criado no subdiretório Requests do diretório Http localizado na pasta app, estes nos permitem validar os dados que são enviados e se utilizados em uma aplicação web que utiliza formulários o comportamento será que se os dados não são válidos (não cumprem as restrições que são estabelecidas) o sistema retorna à página anterior com e um objeto com os erros é recebido, há também um auxiliar chamado old com o qual você pode saber o valor anterior de uma entrada, Graças a isto podemos implementar que se um conjunto de dados não cumpre as expectativas se volte à página com o formulário e com todos os campos preenchidos com o valor que foi enviado, quando se utiliza um fomrRequest para um pedido de API e os dados não cumprem as restrições o que se devolve é um objeto json que tem dois atributos, o primeiro é a mensagem de erro e um array que por sua vez contém um array associativo em que o índice é o nome do campo e o valor é a mensagem de erro relacionada com ele. Podemos validar desde a existência de um campo, se será do tipo alfanumérico ou se é esperado um número, o seu tamanho (pode especificar um mínimo e um máximo, no caso de strings é o seu comprimento e se for numérico é o seu valor), pode especificar a sua forma (por exemplo, se quiser que esteja de acordo com a forma de um endereço IP) e pode até utilizar uma expressão regular para determinar se tem ou não os valores esperados. Podemos também interagir com uma base de dados ou efetuar validações condicionais, mas neste texto vamos apenas ver validações simples, no caso do professor em que as caraterísticas que determinámos serão nome, nome de utilizador, palavra-passe e altura vamos validar que é atribuído um nome de utilizador, que este não tem mais de 8 caracteres e nem menos de 5, no caso da altura deve ser um número que varia entre 1.5 e 2,10, a palavra-passe que neste caso será pedido outro atributo para a confirmar e este deve ser igual a ela e o campo chave que deve ser confirmado.

O resultado do comando acima é a classe:

```
<?php

namespace App\HttpRequests;

utilizar IlluminateFoundationHttpFormRequest;

classe StoreDocenteRequest extends FormRequest
{
    /**
     * Determinar se o utilizador está autorizado a fazer este pedido.
     *
     * @return bool
```

```
    */
    função pública authorize()
    {
        devolver falso;
    }

    /**
     * Obter as regras de validação que se aplicam ao pedido.
     *
     * @return array<string, mixed>
     */
    função pública rules()
    {
        regressar [
            //
        ];
    }
}
```

Modificaremos o método authorize para especificar que autorizamos a utilização deste validador, o método rules com as regras de validação que estarão numa matriz associativa em que os índices corresponderão ao nome do campo a validar e o valor inclui uma cadeia de caracteres com uma ou mais restrições, no caso de haver várias, estas são separadas pelo símbolo de pipe e, se tiverem algum parâmetro, este é especificado após dois pontos:

```
    função pública rules()
    {
        regressar [
            username' => 'required|min:5|max:8',
            'height' => 'required|numeric|min:1.5|max:2.10',
            'password' => 'required|confirmed'.
        ];
    }
```

No caso de key, precisamos de adicionar uma entrada com o nome key_confirmation, uma vez que a utilização da restrição confirmed requer a existência de um campo com o nome <field>_confirmation e irá verificar se ambos os valores são iguais. Não existe um método messages que será responsável por fornecer mensagens de erro para cada uma das restrições que especificamos, esta função também retorna uma matriz associativa na qual os valores contêm a mensagem de erro e os índices correspondem à restrição a ser avaliada, para especificar são escritos na forma <campo>.<restriction> graças a isso podemos especificar a qual campo é atribuído, no exemplo anterior tanto o nome do usuário quanto a altura são necessários e se a chave existe deve ser verificado que está corretamente confirmada, o método de mensagens seria:

```
função pública messages()
{
  retorno [
    'username.required' => 'O nome de utilizador é obrigatório',
    username.min' => 'O nome de utilizador deve ter pelo menos 5 caracteres',
    username.max' => 'O nome de utilizador deve ter 8 caracteres ou mais',
    'height.required' => 'A altura é obrigatória',
    'height.numeric' => 'A altura deve ser numérica',
    'height.min' => 'A altura mínima será de 1,5',
    'height.max' => 'A altura máxima será de 2,10',
    'key.required' => 'A chave é obrigatória',
    'key.confirmed' => 'A chave deve ser confirmada',
  ];
}
```

Mas para o utilizar, temos de especificar a estrutura onde se encontra, e fazemo-lo se escrevermos nas primeiras linhas:

```
//// código para incluir liberias ...
```

```
utilizar App\HttpRequestsStoreDocenteRequest;
//// código para incluir liberias ...
```

Dependendo do contexto de utilização será a forma como o FormRequest reage, mas em geral devemos injectá-lo no controlador, ou seja, devemos especificar que o parâmetro é desse tipo, na assinatura do método, devemos especificá-lo assim:

```
função pública store(StoreDocenteRequest $request)
{
    //// código a implementar ...
}
```

Se estivermos a utilizar formulários, temos de os adaptar. O nosso seria assim:

```
@extends(templates.main)
@secção(conteúdo)
<formaction="{{route(docentes.store)}}"method="post"enctype="multipart/form-data">
 @csrf
 <labelfor=name>Nome</label>
 <inputtype=text'name=name'id=name'value="{{old(name)}}">
 <br>
 <labelfor=UserName>UserName</label>
 <inputtype=text'name=user_name'id=UserName'value="{{old(user_name)}}">
 <br>
 <labelfor=password>Senhadoutilizador</label>
 <inputtype=password'name=password'name=password'id=password'value="{{old(password)}}">
 <br>
 <labelfor=pwd>Repitaachave</label>.
 <inputtype=password'name=password_confirmation'id=pwd'>
 <br>
 <labelfor=image>Imagem</label>
 <inputtype=file'name=image'id=image'value="{{old(image)}}">
 <br>
 <labelfor=height>altura</label>
 <inputtype=text'name=height'id=height'value="{{old(height)}}">
 <br>
 <inputtype="submit"value="SAVE">
</form>
@secçãofinal
```

[21]Dentro do template temos acesso ao objeto $errors que tem vários métodos que podem ser úteis: any que devolve true ou false dependendo se foram ou não encontrados erros na validação, any que devolve um array indexado onde se encontram as mensagens de erro resultantes da validação e posso chamar o método get especificando o nome do campo para saber num array todas as mensagens que se aplicam a esse campo.

Consumir a API

[22][23]A ação de utilizar a API, processando os dados devolvidos (o json que foi obtido) é conhecida como consumir a API, existem duas formas, a partir da mesma origem e a partir de uma origem diferente, no primeiro caso os pedidos são feitos a partir das vistas do mesmo sistema (realmente a partir de JavaScript qualquer que seja a origem faz sempre uso desta linguagem), é possível que várias bibliotecas sejam utilizadas (axios,

[21] Em PHP, os arrays podem ser associativos ou indexados, estes últimos usando inteiros contínuos no seu índice (o clássico $a[0]=$a[1];) enquanto que com os outros podemos aceder-lhes com palavras ($a['red']=$a['blue'];).

[22] Uma linguagem executada no browser (por isso é conhecida como client-side) graças à qual é possível obter interatividade e adicionar dinamismo às páginas Web.

[23] A conotação de JavaScript Vanilla é dada à utilização da linguagem com as suas funcionalidades de uma forma pura, sem a ajuda de quaisquer bibliotecas externas.

jquery) ou a API fetch é implementada (incorporada em HTML5 usando JavaScript Vanilla).

Desde o início

[24]Para o primeiro caso vamos utilizar a tecnologia AJAX que é um acrónimo de Asynchronous Javascript And Xml, que é o resultado da junção de vários conhecimentos (atualmente em vez de se utilizar xml utiliza-se json) e que se baseia em fazer pedidos HTTP a partir de javascript que nos darão como resultado dados json que são apresentados em elementos da página (elementos DOM), podemos fazer isto usando o html5 fetch, neste caso vamos fazer uma vista que contém um input do tipo select para colocar nele os nomes dos professores que vamos obter chamando o método index da nossa api (o ponto final será http://192.168.56.106:8001/api/teachers utilizando o método get).

Em primeiro lugar, vamos analisar a parte visível (o corpo) da nossa página:

```
<body>
  <button onclick="load()">Carregar</button>
  Lista de professores <select id="list"></select>
</body>
```

Este código pode ser considerado como qualquer página web, mas acrescentámos duas singularidades, a primeira é a criação do que se chama um *listener*, que é uma função que será activada quando ocorrer um evento (neste caso, estamos a dizer que quando premir o botão este será carregado) e, por outro lado, atribuímos o id ao elemento que queremos manipular através do DOM.

Veremos que o trabalho "difícil" está na parte do JavaScript, uma vez que apenas dissemos que ao premir o botão a função de carregamento é executada, por isso vamos agora analisar o cabeçalho da nossa página:

```
<head>
  <title>Lista de professores</title>.
  <script>
    função load() {

      fetch('http://192.168.56.106:8000/api/docentes')
      .then( function extract(answer){
        return answer.json()
      })
      .then( function process(data){
        for (i=0; i<data.length; i++){
          const option = document.createElement('option');
          option.textContent = "Professor: " + data[i].name;
          opção.valor = dados[i].id;
          const select = document.getElementById('list');
          select.appendChild(option);
        }
      });
    }
  </script>
</head>
```

Para tornar o código mais evidente, omitimos o uso de recursos como a função arrow ou o método map do array de dados. Neste exemplo, é feito um pedido GET (uma vez que o método não está a ser especificado) para o url (para o ponto final) http://192.168.56.106:8000/api/docentes e este devolve uma promessa (as promessas são um tópico do JavaScript que, se não estiver esclarecido, é aconselhável documentar no)

---

[24] O Document Object Model é a representação em memória de uma página Web, todos os elementos html são objectos.

O then é chamado quando a promessa é resolvida para que recebamos a resposta ao pedido HTTP do tipo GET que fizemos no fetch, este pedido não é diretamente sobre o qual vamos trabalhar uma vez que nele viajam os cabeçalhos, o código de estado, bem como os dados que neste caso é o que nos interessa, por isso é feita a função extract que nos devolve apenas o conteúdo json (os dados que nos interessam), este por sua vez é uma promessa que também é servida na sua própria então dentro da qual é executada a função process que fará algo com os dados e neste exemplo é carregar os nomes num select.
A função process recebe os dados (neste caso é um array que contém todos os objectos do tipo professor), por isso itera para cada um deles a partir de 0 e para cada um deles cria primeiro um objeto do tipo option (lembre-se que em html um select mostra várias opções) atribui o texto "Professor: " acompanhado do nome de cada um e também define o valor para a opção (neste caso será o identificador de cada um deles), depois adiciona a opção ao select que no nosso html identificamos como uma lista.

[25]O que normalmente se obtém como resultado da implementação de acções como estas é elevar o nível de UX mas existem várias frameworks e bibliotecas que escrevendo relativamente pouco código permitem obter um resultado semelhante, se quisermos continuar a trabalhar com o laravel é possível utilizar o livewire para criar interfaces de utilizador (views) mais dinâmicas.

de uma origem diferente

No parágrafo anterior comentamos que existem vários frameworks por exemplo o Vue.js que são responsáveis por criar interfaces totalmente dinâmicas, esse frameowrs só constroem aplicações client-side ou seja elas são executadas no navegador, comumente rodam em um servidor diferente, no caso do Vue.js como está fora do escopo não vamos explicar seus conceitos de ciclo de vida, o conceito de "componentes" é semelhante em ambos os frameworks, é uma parte da página, no vue.js criamos um componente que se chama lista.

```
<template>
  <button @click="loadTeachers">Carregar professores</button>.
  <seleção>
   <option v-for="docente in docentes" :key="docente.id" :value="docente.id">
Professor: {{ teacher.name }}
    </opção>
  </select>
</template>

<script>
exportar por defeito {
 dados(){
  voltar {
   professores: [],
  };
 },
 métodos: {
   loadTeachers(){
     fetch('http://192.168.56.106:8000/api/docentes')
     .then(resposta => resposta.json())
     .then(dados => {
       this.teachers = data;
     });
   },
 },
};
```

[25] A experiência do utilizador (User Xperience) é a forma como os utilizadores interagem com um produto ou serviço.

```
</script>
```

Da mesma forma, vemos que tem duas partes, uma que é semelhante ao corpo do modelo do exemplo anterior, mas desta vez encontramos um atributo `@click="cargarDocentes"` que a estrutura está a indicar que quando se clica neste elemento (o botão) é executada a função `cargarDocentes`que está definida na parte do script, semelhante há também uma parte do script, nesta é definida, entre outras coisas, uma função para chamar a API e, desta vez, se usarmos as funções de seta, mas na segunda vemos que no corpo não estamos a criar as opções, se o que é feito é que a matriz de dados é atribuída à matriz de professores, como no modelo é uma diretiva v-for (isto é específico para Vue.js) que itera sobre um array.

8. Serviços Web

Os serviços Web (WS) são programas que são utilizados por outros programas, desde há muito tempo que as pessoas se aperceberam que os computadores podiam processar dados a uma maior velocidade e em maior escala, por isso houve uma grande evolução na programação, mesmo nos programas que são utilizados por programas, hoje em dia é muito comum interagirmos com uma inteligência artificial, que alimentamos com dados e obtemos dados também, mas para termos chegado a isto tudo começou desde os anos 90 em que começaram, as suas caraterísticas são a Interoperabilidade, Abstração, Segurança e Independência Física.

Existem diferentes tipos de serviços Web, desde os baseados em SOAP, aos REST FULL, aos GraphQL e aos baseados em RPC, mas todos eles têm uma arquitetura semelhante ao modelo básico de comunicação (tal como delineado por Claude E. Shannon e Warren Weaver no seu artigo A Mathematical Theory of Communication[3]), como se pode ver:

- Recetor: O servidor que publica o serviço Web
- Remetente: o cliente que consome o serviço Web.
- Canal: O meio através do qual a informação enviada ou recebida flui, pode ser um protocolo ou uma rede e, neste caso, é normalmente o protocolo HTTP.
- Mensagem: é o pedido/resposta transmitido, os dados que, no caso de sw baseados em SOAP, são armazenados em XML e, no caso de REST APIS, são tratados em JSON.

Atualmente, os serviços Web mais comuns são do tipo REST FULL.

RESTFull

Os serviços Web que respeitam os princípios REST (Representational State Transfer) são considerados uma API RestFull. Estas diretrizes foram propostas por Roy Fielding na sua tese de doutoramento em 2000, seguindo estes princípios garante-se que as caraterísticas de um serviço Web são cumpridas.

1. O princípio da utilização de uma arquitetura **cliente-servidor** indica que é feita uma separação de responsabilidades entre o cliente e o servidor, sendo o cliente responsável pela experiência do utilizador enquanto o servidor é responsável pelo processamento dos pedidos e dos recursos utilizados.
2. Um serviço Web deve ser stateless, pelo que cada pedido enviado a um servidor deve conter as informações necessárias para poder gerar a resposta pretendida.
3. Utilização de uma **interface uniforme** que permite a sua utilização sem necessidade de criar novas formas de acesso.

O Laravel facilita muito a implementação de serviços Web restful,

Obras citadas

[1] G. D. Campo, "Design Patterns, Refactoring and Antipatterns. Advantages and Disadvantages of their Use in Object-Oriented Software", *Cuadernos de Ingeniería,* vol. 4, no. 4, pp. 101-136, 22 09 2019.

[2] M. J. N. Cíceri Vazquez, Introdução ao Laravel: aplicações robustas e de grande escala, 1.ª ed.

[3] C. Shannon e W. Weaver, "A Mathematical Theory of Communication", *Bell System Technical Journal,* vol. 27, n.º 3, p. 379-423, 1948.

Blogue de https://kennyhorna.com/

Documentação do laravel: https://laravel.com/

cursos de laravel em :
https://rimorsoft.com/
https://styde.net/

Printed by Books on Demand GmbH, Norderstedt / Germany